JN411253

한 농투산이의 일본 탈출 이야기 시

바람이 부르는 노래

세종마루시선 003

바람이 부르는 노래

2021년 12월 20일 초판 1쇄 발행

지은이 김영호
펴낸이 윤영진
기획 이은봉 김백겸 김영호 최광 성배순
홍보 함순례
펴낸곳 도서출판 심지
등록 제 2003-000014호
주소 34570 대전광역시 동구 대전천북로 12
전화 042 635 9942
팩스 042 635 9941
전자우편 simji42@hanmail.net

ISBN 978-89-6627-213-6 03810

* 이 책은 세종특별자치시와 세종시문화재단의 후원으로 발간되었습니다.

세종마루시선

003

한 농투산이의 일본 탈출 이야기 시

바람이 부르는 노래

김영호 시집

시인의 말

문학에 대한 열정으로 달뜨던 시절부터
시를 쓴다 했으니 반 세기가 돼 간다.
친구들과 날 세운 비판이 오가던 합평회 무렵부터
문학평론을 하며 점차 시를 쓰는 일에서 멀어지다가
이제 마음에 고이는 생각과 느낌을 조금씩 표현해 본다.
일제강점기에 태어나 모진 가난과 억울한 징용살이에
한국전쟁을 겪으며 7남매를 지켜낸 아버지의 청년시절,
징용으로 끌려간 일본에서 탈출한 이야기를
아버지의 혼령이 바람결에 실어 부르는 노래로
바꾸어 이야기 시로 써 묶어 보았다.
시집으로 묶으면서야 비로소 올해가 바로
아버지가 태어난 지 100년이 되는 해임을 알았다.
선친께 조금의 해원이 된다면 시의 역할을 한 셈이다.

2021년 겨울
김영호 두손모음

차례

005 시인의 말

제1부 면서기 임명장 대신 징용 영장이

013 한 농투산이의 넋두리 1 – 일본 징용 이야기
016 한 농투산이의 넋두리 2 – 소금장수 아버지 이야기
018 한 농투산이의 넋두리 3 – 보쌈당한 어매 이야기
020 한 농투산이의 넋두리 4 – 소박맞은 큰누님 이야기
022 한 농투산이의 넋두리 5 – 씨 다른 동생 한영이
024 한 농투산이의 넋두리 6 – 씨 다른 동생 남숙이
026 한 농투산이의 넋두리 7 – 노름쟁이 자형 이종대씨
028 한 농투산이의 넋두리 8 – 허풍쟁이 매제 박창길
030 한 농투산이의 넋두리 9 – 이야기꾼 미영골 양반
032 한 농투산이의 넋두리 10 – 미영골 양반의 장타령
034 한 농투산이의 넋두리 11 – 흔행이 양반의 기억력
036 한 농투산이의 넋두리 12 – 보통학교 졸업과 흥남비료공장
038 한 농투산이의 넋두리 13 – 부안 읍면서기 시험 합격
040 한 농투산이의 넋두리 14 – 임명장 대신 날아온 징용 영장
042 한 농투산이의 넋두리 15 – 신사당 뜰 송별식과 부산행 열차
044 한 농투산이의 넋두리 16 – 관부 연락선을 타고
046 한 농투산이의 넋두리 17 – 탈출을 포기하고

048 한 농투산이의 넋두리 18 – 쓸쓸한 오사까 풍경
050 한 농투산이의 넋두리 19 – 기숙사의 똥산과 똥탑
052 한 농투산이의 넋두리 20 – 일본인보다 악랄한 조선인 지도원
054 한 농투산이의 넋두리 21 – 배고픈 설움
056 한 농투산이의 넋두리 22 – 밀감 장사
058 한 농투산이의 넋두리 23 – 공포의 B-29
060 한 농투산이의 넋두리 24 – 조선소 현장 작업
062 한 농투산이의 넋두리 25 – 딸을 주겠다던 일본인 조장

제2부 마침내 조국 땅에

066 한 농투산이의 넋두리 26 – 공습으로 불타는 오사까
068 한 농투산이의 넋두리 27 – 조선소의 연합군 포로들
070 한 농투산이의 넋두리 28 – 폐허가 된 오사까
072 한 농투산이의 넋두리 29 – 가짜 환자들
074 한 농투산이의 넋두리 30 – 조선소 탈출
076 한 농투산이의 넋두리 31 – 힘겨운 노가다판
078 한 농투산이의 넋두리 32 – 도비와 미찌꼬
080 한 농투산이의 넋두리 33 – 혼 빼는 기총소사
082 한 농투산이의 넋두리 34 – 밥집의 이야기꾼
084 한 농투산이의 넋두리 35 – 히메지를 거쳐 시모노세키로

086 한 농투산이의 넋두리 36 – 동포에게 맛본 지옥체험
088 한 농투산이의 넋두리 37 – 기생 오라비를 따돌리고
090 한 농투산이의 넋두리 38 – 달콤한 상한 밥 한 그릇
092 한 농투산이의 넋두리 39 – 고마운 경상도 아저씨
094 한 농투산이의 넋두리 40 – 표류하는 배에서 사경을 헤매고
096 한 농투산이의 넋두리 41 – 자연요법으로 삼일 만에 살아나
098 한 농투산이의 넋두리 42 – 풍랑이 잦아들자 찾아온 도원경
100 한 농투산이의 넋두리 43 – 마침내 조국 땅에
102 한 농투산이의 넋두리 44 – 무표정한 부산 시민들
104 한 농투산이의 넋두리 45 – 배설물로 뒤덮인 부산역 광장
106 한 농투산이의 넋두리 46 – 일본인들의 인상
108 한 농투산이의 넋두리 47 – 일본인 순사 이야기
110 한 농투산이의 넋두리 48 – 일본 탈출 운운에 대해
112 한 농투산이의 넋두리 49 – 줄포에 살던 일본인들
114 한 농투산이의 넋두리 50 – 줄포의 인물들

제3부 꽃그늘로 오시는 임

119 이 봄에
120 꽃그늘로 오시는 임 – 산내 뼈잿골에서
122 논둑을 뜯으며

124 개태사開泰寺
125 변산 구경
126 사태沙汰
128 풍란
130 은행나무와 송덕비
132 새벽
133 손톱을 깎으며
134 뜨거운 함성이여
136 며느리바위
138 범섬의 오랑캐꽃
140 불티나루와 침목枕木
142 전월산 상여바위
144 화살나무
145 잘못은 다 취소!

147 시인 수첩

제1부
면서기 임명장 대신 징용 영장이

한 농투산이의 넋두리 1

– 일본 징용 이야기

엊그제 대전이서 강제징용노동자 동상을 세웠도만
그 삐쩍 말른 게 꼭 내 스물세 살쩍 모습이여!
네 살 때 아버지 돌아가시고 과부 아들로 살았제.
보통학교 마치고 낮이는 일허고 밤이는 열심히 공부혔어
비빌 언덕이 없응게 공부밖이 더 허겼는가
외할매 치성으로 면서기시험에 합격헝게 경사였지
근디 항상 좋은 일 끝이는 꼭 마가 끼드라고
상위권 합격에 느긋허게 정식 임명을 지둘리는디
날벼락도 유분수지, 임명장 대신 징용 영장이 나왔어
나중에 알고봉게 그것이 짜고 친 고스돕이였더라고
고래 싸움에 새우등 터지고
왕솔나무 밑이서 곡식 못 자란다고
인촌의 아들 학병 대신 내가 징용에 끌려간 거였당게
내가 부산이서 시모노세끼로 떠날 때
그 아들이 면서기로 왔응게
고향 까마귀만 봐도 반갑다는디
못된 고향 사람도 있는 벱여
오사까 '시바다니 조선소'서 배골코 맞고 허다가

어찌어찌 탈출혔어
밀선을 꼬박 열흘 타고 부산에 옹게
해방 후 똑 닷새가 지났등만
그 이야그를 쓴 '일본탈출기'가 나옹 게 꼭 4년 전이여
그것도 해방 70주년이 되는 광복절 날 딱 책이 나왔었지
생전에 못 봉게 좀 아쉬웠는디, 한편 다행이기도 혔어
우리나라 대재벌가의 음모 땜시 징용 갔다고 떠들어대믄
그 짝이서 내 자식들 핍박헐까바 영 찜찜혔거든
이젠 이야기혀도 되겄지
내가 인자 산 사람도 아닝게
저승에 와 있는 사람이 그간의 아픈 속사정을 말헌들
귀신의 넋두리를 누가 탓할 수 있겄능가
겨울밤 사랑방에서 화로를 둘러싸고
옛이야기하든 시절로 돌아가
'노루잠 자다 개꿈 꾸는 식'으로
'장님 코끼리 더듬듯'
내가 보고 겪은 바를 말혀볼팅게 들어보더라고!

※ 인촌 김성수는 동아일보와 고려대학교 설립자로 이승만 정부에서 부통령을 지냈으며, 8년의 지루한 법적 다툼 끝에 2017년 그의 친일 행위가 사실로 확정됐다.

한 농투산이의 넋두리 2

– 소금장수 아버지 이야기

긍게 일제 말 면서기시험에 붙고도
오사까로 징용 끌려간 거이
비빌 언덕도 없는 과부 아들이라 그렀다고 혔잖여
네 살 때 아버지가 돌아가셨응께 얼굴도 기억이 안 나제
어매가 외할머니를 원망험서 허는 이야기를 들어보믄
아버지는 지게에 소금동이를 지고
사방을 떠돔서 장사하느라
서른 살이 훌쩍 넘도록 장개를 못 갔다만 그려
그려도 연분이 있었는지 중매쟁이 수완 덕에
열세 살 애기를 시커먼 아저씨가 만난 거시여
'그 어린 거시 머슬 알것냐 참말 도적놈이지 머겄어'
어매는 중매쟁이 말에 넘어간 외할머니를 타박혔어
열세 살이 시집와 열일곱에 딸을 낳았당게 심혔제
딸 둘에 아들을 낳았는디 무정헌 남편은 가버렸지
아버지가 지게를 타고 떠남서 외할머니랑 함께 살었제
외할매가 체수도 크고 화통혀서 사람들이 늘 꼬였어
눈이 겁나게 내리는 겨울밤엔
이야기 보따리가 넘쳐났고

그런디 외할머니가 부안 읍내에 가신 그 밤에
똥 깨나 뀌는 윗말 이서방이 우리 어매를 보쌈해 갔어
거기서 여동생과 남동생을 낳고 껄끄럽게 살었는디
내 앞으로 밭뙈기 하나 주고 헛기침 험서 돌아앉도만
내가 징용 갔다 와서 동상들도 김씨로 호적을 올렸지
그러다 내가 막판에 치매를 한 삼 년 앓느라고
애들헌티 그 밭 야그를 못 허고 떠나왔는디
작년에 우리 큰애헌티 세금고지서가 가는 바람에
그 밭을 팔어서 마침 큰애 임플란트 했당게
허허 그것도 결국 조상님 덕이것지 뭐
암튼 아버지 얼굴도 모르고 과부 밑이서 괄시받고 삼서
징용도 살었지만 내 심으로 칠남매 자식들을 건사혔응게
험한 인생도 착허게 살면 결국 복이 되는 법여!

한 농투산이의 넋두리 3
— 보쌈당한 어매 이야기

부안 임씨 우리 어매 피부가 고왔제
체수가 크고 시원시원한 외할매가
번지르한 중매쟁이 말에 넘어가
소금 장수 삼십대 노총각헌티
솜털이 뽀얀 열세 살 어매를 시집보냈제
어매는 우리들한티 외할매를 타박험서
'니 외할매가 너무혔지 암 너무혔어
그 어린 거시 머슬 알것냐
니 애비가 힘줄이 솟은 팔을 벌리면
오금이 저림서 한없이 오그라들었제'
그렇게 열일곱에 첫딸을 낳고
다시 둘째 딸을 낳은 뒤에
아들인 나를 낳고 사는 재미가 쏠쏠혔는디
네 살백이 나를 두고 애비는 떠나버렸어
홀어매는 외할매랑 의지함서 살었는디
외할매가 부안 읍내에 가신 그 밤에
윗말 이서방에게 보쌈당헌 우리 어매
이씨 여동생과 남동생이 생겼는디

내가 징용 갔다 와 김씨로 호적을 올리고
남동생을 곰소에 있는 수산고등학교도 보냈는디
동생은 싸움질과 노름으로 어매 속을 무던히 썩였지
나중에 전주에서 고물상으로 힘을 펴는 듯허도만
내 뒤따라 곧바로 저승으로 왔도만
어매는 아이고 우리 막둥이 왔냐 하시지
암 아픈 손가락인 게 더욱 그러시겄지

한 농투산이의 넋두리 4
– 소박맞은 큰누님 이야기

우리 어매가 열 일곱에 낳은 딸이라
자매 같아 늘 떨어져 지냈는디
큰누님은 아버지를 닮아 큰 키에
까무잡잡하고 성격도 억셌지
내가 보통학교를 빠듯이 마치고 돈 번다고
바람 찬 흥남 비료공장에 갔다가
추위와 중노동에 폐병으로 쓰러졌을 때
들쳐업고 집으로 데려가며
너 땜시 내가 시집도 못 간다더니
고창으로 시집간 큰누님은
그예 삼 년만에 돌아왔는디
애를 못 낳는다 소박을 맞었제
내가 일본에 징용 갔다 돌아온 뒤
평생 입이 짧은 내 수발을 든 큰누님
내가 차린 대서소 앞에서 장사를 하며
우리 외동딸을 친딸처럼 거두어
전주로 유학 보내 교대를 졸업시켰지
폐병이 도졌을 때 밤과 대추를 고와

나를 다시 살려낸 억척배기 큰누님
헛헛한 가슴을 담배 연기로 달래며
조카들을 돌보다 선산에 누운 큰누님
이젠 내가 잠든 왕솔나무 밑에 누워서
멀리 정읍사 박물관에서 울리는 판소리
탁한 수리성에 한세상이 흘러가는구나

한 농투산이의 넋두리 5

— 씨 다른 동생 한영이

궁게 큰 체수에 컬컬한 수리청의 여장부 우리 외할매
씩씩허고 시원스러워 사람들이 꾀는디
귀가 얇은 게 흠이여
콩기름 먹인 말캉*처럼 반지르한 중매쟁이한티 넘어가
댕기머리 열세 살 어매
소금장수 아저씨헌티 머리 올렸지
열일곱에 큰딸 낳고 또 콩새 같은 둘째딸 낳고
장독대에 올린 시암물 치성으로 나를 낳았제
외할매와 어매 손을 타며 엄청 이쁨받았제
네 살 때 아배가 떠나가불고 주눅들어 살었는디
애가 셋 딸린 어매는 그려도 20대 청상이여
동네 지주 이가가 외할매 없는 날 보쌈을 해버려
이씨 집안의 천덕꾸러기 동상 남매가 생겼제
내가 김성수 아들땜시 오사까로 끌려갔다가
외할매와 어매의 치성으로 살아온 뒤
이가네 골방차지 어매와 씨 다른 동상들 데려다
김해 김씨 호적이다 올리고 함께 살었제
한영이 너는 막둥이라고 어매가 싸고돌아

불같은 성질에 만날 쌈박질로 속을 썩였제
그려도 요즘 식으로 난 초딩이고 넌 고딩인디
장기 바둑 화투로 밤을 지새더니
그예 밤봇짐을 싸서 애들허고 전주로 갔지
지수씨가 솜씨가 맵고 세상살이 요령이 있어
애들도 가르치고 고물상을 차려 먹고살 만헌게
내가 세상 뜨고 얼마 안 되야 따라왔드만
가슴에 불을 안고 칙칙폭폭 살어서 그러냐
저승길이 뭐가 그리 급허다고 쫓아온다냐
어매야 우리 막둥이 왔다고 좋아허시겄지만
용돈 땜시 시달리던 니 형수는 뜨악해허드라
참 나를 징용 보낸 김성수는 친일파로 확정되고
거리 이름에서도 그 이름이 지워졌드라
너와 나 씨 다른 형제다만 그려도 김해 김씨고
어매가 같으니 성질 죽이고 오순도순 지내보자
외할매 컬컬한 수리청이 구성지게 들리지야

* 마루의 전라도 사투리

한 농투산이의 넋두리 6
– 씨 다른 동생 남숙이

남숙이 너는 화가 많은 막둥이 한영이와 달리
얌전허고 싹싹혀서 이씨 집이서도 잘 지냈제
그려도 씨 다른 자식이라 눈치 보는 게 안쓰러워
어매를 모셔옴서 데려와 김해 김씨가 되었제
들이 넓은 그 동네는 살만혀서 노름도 질겼제
작은누님의 자형도 그렇고 니 남편 박가도 그려
작은누님과 니가 죽을 고생 헌담서
어매가 하도 졸라대서
작은누님은 내가 사는 줄포로 모셔왔제
자형은 키가 크고 인물이 훤하지먼
밤새 다리 접고 화투를 치다봉게
무릎이 아프담서 일도 제대로 못혔지
니 남편 박가는 번지르헌 언변에 허세가 있어
노름빚 떼먹고 전주로 날러 한량처럼 살었제
니가 들판에서 나물캐고 야무지게 농사지어
남문시장에 팔어 애들 대학도 보냈다니
그 고생이 오죽허고 허리가 휘지 않았겄냐
새언니인 우리 애들어매랑 너랑 동갑인디

자식들 곁이서 장수헌다니 참말 다행이여
말썽쟁이 한영이가 전주서 자리잡은 것도
니 덕인 걸 우리는 다 알지 암
이제 백수를 바라보니 잠자듯이 편히 오더라고
고생 충분히 혔응게 그런 복은 있을 것이여
참 우리 큰애와 니 이름으로 된 밭뙈기를
일러주지 못허고 왔는디 잘 처분혔다니께
저승길 노자 삼아 싸목싸목 오드라고 암

한 농투산이의 넋두리 7

— 노름쟁이 자형 이종대씨

우리 엄니 입이 짧아 음식 많이 가리셨제
노린내 난담서 육고기는 안 쳐다봤고
일꾼들 밥상에 고기찌개라도 끓이면
당신 밥그릇부터 찬장으로 넣어버렸제
근디 푹 삭힌 홍어는 좋아허셨어
그때는 홍어가 많이 잽혔거든
홍어를 사오면 잿간에다 던져놓고설랑
검은 재 뒤집어쓰고 누런 콧물 나오면은
딱 꺼내갖고 코부터 꼬랑지꺼정
당신 혼자서 맛나게 잡수셨어
큰누님은 철따라 홍어를 사다줌서
고기 안드싱게 많이 잡수쇼 하면
별명이 콩새인 작은누님 나서갖고
왔다갔다 함시롱 발라주리다 수선떨고
꼬랑지가 억세고만 함시롱 홀딱 먹고
만만한 게 홍어 좆이여 함시롱 또 먹고
하여튼 방정이여 미움 꽤나 받었는디
자형 이종대씨는 훤칠헌 게 인물이었제

농사는 여벌이고 노름에 미쳐버렸어
'이서방은 죽으면 무르팍부터 썩을거이다
맨날 쪼글티고 화투짝만 봤응게'
우리 어매 험한 타박 말없이 받음서도
작은누님 줄포 생선 이고지고 팔아감서
포도시* 살었응게 애들 공부 몰라라지
작은누님 불쌍혀서 내가 집도 사드리고
조카들도 공민학교 중학교에 보냈었지
큰조카는 서울 가고 작은조카 전주 가서
그만그만 잘 사니께 두루두루 잘되었지
우리 자형 책상다리 노름 혀서 그랬는지
양쪽 무릎 아프다며 자리보전 하더니만
노잣돈도 마련 않고 저세상에 가버렸제
우리 자형 어매 말마따나 무릎부터 썩었겄소
콩새누님 잔소리도 달달허게 받음시롱
전생에 지은 빚을 갚어가야 헐 것이여 허허!

* 빠듯하게

한 농투산이의 넋두리 8
— 허풍쟁이 매제 박창길

청상과부 우리 어매 동네 이씨 보쌈당혀
여동생과 남동생이 떡하니 생겼는디
이씨 집 괄시허고 돌보지도 안혀갖고
억울한 일본 징용 구사일생 돌아와서
이씨 동생 찾아와 김씨 호적 올려놨제
막둥이 한영이는 허구헌날 쌈박질에
남숙이는 싹싹혀서 귀염을 받더라만
씨 다른 자식이라 눈치코치 안쓰러워
어매를 모셔옴서 한 식구가 되었제
들이 넓은 그 동네는 노름도 질겼제
니 남편 박가는 번지르하고 허세가 있어
혓바닥은 짧어도 침은 멀리 뱉는다고
노름판이서도 팍팍 내질름서 행세혔담서
그런다고 노름 쎈 동네 당헐 수 있간디
노름빚 떼먹고 전주로 야반도주혀서
밭 가운데 오두막집 남포키고 살믄서
니 남편 긴 창 들고 공동묘지 도굴허고
너는 들판 기며 나물 캐고 농사지어

남문시장 내다팔어 대학공부 시켰으니
그 고생이 오죽허고 허리 휘지 않았겄냐
용머리 고개 너머 제일가는 부자라며
묘지에서 파낸 유골 밤중에 끓여먹고
회춘했다 자랑터니 박가는 먼저 가고
너는 백살을 바라보니 발복한 것이제
평생을 애썼응게 죽는 복은 있을텐게
잠자듯이 편안허게 싸목싸목 오드라고 암!

한 농투산이의 넋두리 9
— 이야기꾼 미영골 양반

여섯 자 훤칠헌 키에 얼굴은 갸름헌디
원체 심* 이 좋아 네 사람 몫은 너끈혀
동네에서 알아주는 상머슴 미영골 양반
한쪽 다리 부어올라 수퉁다리 절름대며
오장치 둘러메고 댕그란 상투 끄덕끄덕
새벽부터 개똥 줍고 보리밭에 소매** 등짐
보리 타작 지심매기***산 같은 짐 지게질에
뿌연 검불 머리 박고 허리 펼 날 없어도
삼복더위 소한 추위 남의 일로 알았었제
지 똥 안 먹으면 삼 년 안에 죽는담서
겨울밤 사랑에 모여갖고 짚새기를 삼다가도
새끼 꼬아가며 벽돌림 이야기판이 벌어져도
다리 꼬며 참은 오줌 집에 와 쏟아내고
급한 김에 똥을 싸면 가랑잎에 담아와서
소매통에 넣어두고 작대기로 저어 줌서
똥오줌 열심히 모아 웃거름으로 써야
틈실한 보리가 제대로 달리는 것이여
한글을 겨우 깨쳤지만 타고난 이야기꾼으로
이도령과 성춘향이 사랑 노래 놀라치면

무릎 치고 목침 두들기며 어깨를 들썩였제
애절한 심청전 가락에 팔을 뻗어 휘저으며
심술궂은 아무개 여편네 빵덕어미로 둔갑시키니
미영골 양반의 이야기는 애간장 녹이는 노래였제
눈물을 짜게 하고 춤도 추게 하는 마술이였제
나는 아홉 살에 미영골 양반 이야기에 반해갖고
그 양반 수제자 되어 이야기책을 물려 받었제

* 힘의 전라도 사투리
** 오줌의 전라도 사투리
*** 김매기의 전라도 사투리

한 농투산이의 넋두리 10

— 미영골 양반의 장타령

타고난 이야기꾼이자 상농군 미영골 양반
겨울밤 짚새기 삼고 새끼 꼬다 지치면
벼랑박*에 기대서 쭉 돌아감서 이야기를 혀
그렁게 벽돌림 이야기판으로 바뀌어버리면
그라믄 인자 미영골 양반 차지가 되아버려
삼국지 심청전 춘향전에 신소설 능라도까지
목소리를 바꿔가며 가락에 맞춰 몸짓까지 섞으면
숨을 몰아쉬고 탄식하며 주먹을 쥐게 되야
겨우내 이집 저집 돌며 애간장을 녹이다가
오일장엔 농사일도 이야기꾼도 작파하고
동네 초상도 일없고 장 보러 가야 혀
마른 명태와 미역 가닥에 딸에게 줄 엿가락
기름까지 쏙 빼주는 양잿물을 들고 오면
요것 살라고 장보러 갔소 아내가 놀리면
실은 명월관 기상집에서 술 한잔 혔제
오매 등지기 잠뱅이도 기상년들이 받아줍디여
고년들이 내 노래에 미쳐갖고 오짐을 질질 깔기도만
아따 비싼 술값은 어떡허셨다요

괴양이 뿔나면 그때 줌세 혔제
에그 신소리 좀 그만허시오
내가 신서방네서 머심 안 살았능가
내친 김에 장타령이 이어지는디
어떤 사람 팔자 좋아 고대광실 높은 집서
호의호식 잘 사는디 이놈 팔자 기구혀서
집구석은 기딱지요 먹는 것은 꽁보리밥
걸친 것은 미영베라 부모 덕도 못 타고
사주팔자 못 탔으니 누구를 탓할소냐
조상 탓 허지 말고 사주팔자 한탄 말자
머심살이 팔자지만 어그렁더그렁 살아보자
어허 취한다 지랄 맞은 내 팔자야

* 바람벽의 사투리

한 농투산이의 넋두리 11
– 흔행이 양반의 기억력

타고난 이야기꾼 미영골 양반 못지않게
이야기책을 모두 외워버린 흔행이 양반
옛날 죄수들 목을 베어 시체를 버리던 고개
귀신들이 나타나고 흉측한 일이 생긴다던
흉행이 고개가 변한 흔행이 고개에서 장가온
외할머니와 같은 전주 최씨 흔행이 양반
외할머니가 물레를 잣고 어머니는 모시를 째던 겨울밤
하나씨* 할머니가 놀러 오시래요 술도 받아노앗시라우
장순아 이야기책 읽어 돌라고 허는 것이지야
그러지라우 하나씨 얼룽 갑시다요
할아버지는 토시짝을 가만가만 돌리면서
눈을 지그시 감으시고 고개를 모로 흔들다가
손을 휘젓는가 하면 방바닥을 탁 치기도 했제
춘향전을 펼쳐 들고 할아버지가 외워대는 대로
속으로 읽어가는디 틀리는가 싶으면
장순아 이 대목 안 틀렸냐?
예 쬐끔 틀렸구만이라우
누님 틀린 대목 다시 읽을깨라우?

외할매에게 물어 볼라치면
동상 괜찬히여 그래로 읽소
자네가 배웠으면 큰사람 되았을 틴디
참 아깝네 원수놈의 가난이여!
글씨라우 자식 한 놈도 없능 것이 더 문제지라우
누님은 외손자 장순이가 있으니 월매나 좋으요
그려 저놈 하나 보고 살지 동상 너무 슬어 마소
예 그만허구 동상 책 소리 들으시기라우
할아버지는 가만가만 토시짝을 돌리시고
나는 어느새 잠이 들어 버렸제

* 할아버지

한 농투산이의 넋두리 12

— 보통학교 졸업과 흥남비료공장

내가 네 살에 소금장수 아버지가 돌아가셔 불고
여장부인 외할머니허고 홀어머니랑 살았는디
외할머니는 기골이 장대하고 성격이 시원시원혀서
동네 남정네들이 다들 누님 누님 함시롱 눈치를 보았제
두 분이 물레 잣고 베 짜고 손바닥 농사 지음서
십 리나 떨어진 줄포공립보통학교를 졸업시켰제
열세 살에 시집온 어머니는 딸 둘을 낳고서야
나를 낳았응게 나헌티 엄청 정성을 쏟으셨제
눈이 쌓이면 앞장서 대나무 빗자루로 쓸어냄서
십 리 먼 길 보통학교까장 함께 가셨응게
외할머니는 새벽마다 장독대 위에 맑은 물을 떠놓고
손을 모으고 우리 장손 잘되라고 치성을 드렸제
그 덕에 포도시 보통학교를 마치고 주경야독을 혔어
모찌기, 모쟁이, 못줄 잡기, 모추기, 김매기 품을 팔어
일어판 중학강의록과 판임문관시험강의록을 사고
백로지와 벽지로 만든 공책에
파란색 물감으로 잉크를 만들었제
보통문관시험 합격을 목표로 했응게 꿈이 야무졌제

요즘 말로 하믄 행정고시 준비를 헌 것이여
그란디 시국이 하 수상헝게 공부를 헐 수가 없어부러
중일전쟁으로 재미를 보더니 이제 진주만을 공습허고
조선어를 못 쓰게 하등만 유기그릇까지 싹 걷어가부러
아니구나 싶어 친구들과 홍남비료공장으로 갔제
타고난 약골에 힘겨운 막노동에 추위는 감당이 안 돼
비위까장 약헌께 먹지도 못허고
결국 피를 토하고 쓰러졌제
큰누님이 너 이러다 죽는다며 업고 내려왔어
힘쓰는 일은 아무래도 안 되겄다는 것을 알았제

한 농투산이의 넋두리 13
– 부안 읍면서기 시험 합격

큰누님헌티 업혀서 멸치 같은 모습으로 돌아옹게
외할머니가 장순아 부르시며 기함허시고
어머니는 내 손을 잡고 눈물만 흘리셨제
대추와 밤을 푹 고아 먹고 쉥게 조금 살겄등만
인자 힘쓰는 일은 안 되니께 다시 공부혀야제
세계 최대의 공업국 미국의 반격이 시작됨서
일제는 학도병과 징용을 강요하고 나서고
이를 피할라고 너나없이 공무원시험에 매달렸제
홍남에 갔다가 피를 토하고 왔다는 걸 들은
부면장 어른께서 낡은 가방과 주판을 빌려주시며
부안읍면서기 시험을 보라고 타일러 주셨제
그동안 강의록으로 열심히 공부헌 게 있고
새벽마다 정화수 치성드린 외할머니 정성으로
3년제 농업학교나 5년제 고등보통학교 출신들도
낙방허는 시험에 떠억 합격헝게 동네가 떠들썩혔제
여보시오, 동네방네 사람들 들어 보시요들!
과부 아들 장순이, 아홉 살 이야기꾼이 커서
우리 면에 당당헌 공무원이 되었다요. 만세!

우리 장순이에게 읍면서기 시험보라고
격려하신 이회지 부면장님
가뿐하게 다녀오라고
각반*을 빌려주신 김보현 이장님
모다 동네 어르신들 덕분잉게
두루두루 고맙고 또 고맙고만이라우

* 발목에서 무릎 아래까지 감싸는 띠

한 농투산이의 넋두리 14

– 임명장 대신 날아온 징용 영장

보통문관시험의 꿈은 인자 어려운 시국잉게
고향인 줄포면사무소 직원에 충실히야제
나만 믿는 외할머니와 어머니를 모셔양게
약골임서도 새벽에 일어나 5리 밖 논에 물꼬 보고
10리를 걸어 사무소에 출근혀도 지각 한번 안혔어
4월에 합격헌 뒤 6개월간 강습을 받어야 허는디
시국이 어지러웅게 8월에 수료시험으로 대체혔제
삼십대 일인디 이번이도 상위권으로 합격혔지
근디 꼭 좋은 일 뒤엔 마가 낀다고 허잖여
먹성좋은 부안 임군수헌티 진상을 혀야만 헌디야
가난한 과부 아들이 진상도 못허고 눈치만 보는디
느닷없이 9월에 보안면으로 전근 발령이 나도만
정식 임명을 하루가 천년처럼 애타게 지다리는디
이 무슨 날벼락이랑가, 임명장 대신 징용 영장이 왔어
노무계 양복현 씨가 미처 대장 정리를 안 해서이니께
군청에 보고허고 취소시킨다는디 영 께림칙허드라고
양복현 씨를 다그치고 욕도 허고 멱살을 흔들어싸도
실수랑께를 되풀이하고 그냥 우물우물허는 것이여

깊은 속셈은 몰라도 무슨 곡절이 있을 터인디
과부의 아들인 나헌티 무슨 힘이 있겄능가
10월에 부안보통학교 교정이서 심사를 허는디
보통학교만 나온 이장이나 농업증산실천원도 빼 주고
돈 있고 권세 있는 집안 아들은 다 빼 주는디
볼때기에 개기름이 번지르헌 임군수 허는 말 들어보소
후방에서 펜을 들고 일하는 것만이 보국이 아니요
산업전사로 망치 들고 일하는 것이 바로 애국이라네
공무원이 되지 않았으면 제물이 되지 않았을 틴디
머나먼 일본 땅으로 죽음의 문턱을 넘게 되야 버렸제

한 농투산이의 넋두리 15

— 신사당 뜰 송별식과 부산행 열차

일본으로 출발하기 전날, 1944년 10월 18일
장성동 이계홍의 집 조금 북쪽에 있는
줄포 신사당 뜰에 면장과 조선인 유지들
일본인 주재소 수석과 유지들이 모다 모여서
징용으로 끌려가는 우리들 송별식을 열었는디
고향에 남아 자식들허고 떵떵거리며 사는 놈들이
사지로 뛰어들 우리헌티 무엇을 격려헌다는 것이여
어렵다는 공무원시험에 합격헌 내가 답사를 혔는디
유지들을 빙 둘러보면서 비꼬는 말투로 말혔지
면장님을 비롯히서 노무 담당자의 특별헌 배려
인자헌 우리 군수님의 각별허신 분부 받들어
이러코롬 자랑스런 산업전사로 뽑혔응게
펜 대신 망치 들고 나라에 보답히야겄지라우
정말 크나큰 영예를 베풀어 주셨응께
우리 무지렁이들은 감사헐 따름이고만이라우
다음날 부안읍에 모여 반편성을 허고
신태인에서 하룻밤 묵은 다음 기차를 타고
이리역에서 바꿔 타고 부산으로 가는디

벼를 베던 농부들이 밀짚모자를 흔들고
개울가에 빨래허든 아낙은 방방이를 휘젓고
기찻길 옆 오막살이에서 꼬마는 빗자루를 흔들었제
다들 가장과 아들을 징용으로 보내거나
사랑허는 딸을 정신대로 빼앗기고 했을 것잉게
콧날이 시큰허고 눈물이 펑펑 쏟아지등만
오후 늦게 부산에 닿아 시내를 걸어봤는디
부산 사람들도 모두 어둡기만 허드라고

한 농투산이의 넋두리 16

– 관부 연락선을 타고

보통학교 시절 볼때기 빵빵헌 유지들이
축음기 틀고 기생들 끼고 질펀허게 마심시롱
뭣이 아쉽다고 윤심덕의 '사의 찬미'를 불러쌓는지
유부남과 사랑헌 것을 비관혀서 현해탄에 빠졌담서
불콰한 얼굴에 개기름을 흘림서 소리질렀제
'허영에 빠져 날뛰는 인생아
너 속혔음을 네가 아느냐'
있는 놈덜의 그 야비헌 모습을 떠올리는디
까치놀에 뱃고물이 빠졌다 나왔다 험서
현해탄이 똑 인당수 같어서 이리저리 뒹굴다가
반 주검이 되야갖고 시모노세키에 내렸는디
참말로 그 상거지 꼴을 말혀 뭣혀
우리는 '사의 찬미' 1절 그대로였제
'광막한 황야에 달리는 인생아
너의 가는 곳 그 어데냐
쓸쓸한 세상 험악한 고해에
너는 무엇을 찾으러 가느냐'
칼 찬 일본인의 일장훈시를 꿈결처럼 들응게

우리들이 갈 곳이 공업도시 오사까라네
오사까에서 돈 벌어 땅 산다는 노래가 있었제
'일본 오사까가 얼마나 좋아
꽃같은 날 버리고 연락선 타나'
그렇게 좋다던 오사까로 가는 밤열차를 탔는디
앞으로 죽을지도 모르는 운명을 향해서 말시

한 농투산이의 넋두리 17
— 탈출을 포기하고

사실 여그 오사까까지 옴시롱
얼마던지 도망갈 수 있었제
신태인서도 둘이 달아나번졌고
부산서도 밤에 여럿이 내빼번졌제
나도 맘만 먹으믄 얼마든지여
허나 산속으로 얼매나 도망다니겄능가
나땜시 엄니나 외할매가 욕을 보겄제
장손인 내가 가족을 건사혀야지
저마다 힘든 사정이 있능거겄지
긍게 시래기처럼 풀죽어 있는겨
잽히면 군산 형무소행이 뻔헐턴디
나같언 약골을 살아남지 못헐 것이여
바람 찬 홍남 비료공장도 다녀보고
팔자가 기구혀 인차 오사까에 왔더라도
어떡허든 돌아가 홀어매를 모셔야지
살을 저미는 찬바람 불던 홍남보다
따땃헌 오사까가 그래도 낫겄제
더구나 연합군의 반격이 계속됨서

이제 막바지라고 숨죽여 말허니께
일본이 망헐 날까장 지다려봐야겄지
암 그렇고 말고 지당헌 말씀이지

한 농투산이의 넋두리 18
– 쓸쓸한 오사까 풍경

전쟁이 막바지인 건 사실인가벼
'꽃 같은 날 버리고 연락선 탄다던'
화려한 오사까가 아니라 썰렁허드랑게
한산한 거리에 가게 물건도 보잘것 없등만
식품점은 아예 구경헐 수가 없더라고
철저한 전시통제로 배급 일색인 것이여
참말로 겨울밤 불 안 땐 방 같았제
여직원들은 노동용 바지인 몸빼를 입고
남자는 나이 많은 노인뿐이었응께
우리는 시바다니 조선소에 배치되얐는디
누렇게 익은 벼와 시퍼런 배추밭이 보였어
보름 동안은 일본인 지도원을 따라댕김서
오락 시간에 노래도 부르고 잘 지냈는디
훈련이 끝낭게 현장생활로 바꿔어버림서
단번에 달라진 것이 밥이 팍 줄어드는겨
잡아먹으려는 개 밥 주듯 던져 주는디
강제 징용에 끌려온 것이 진짜 실감나도만
가끔 일본인 학도노력보국대가 동원됐지만도

나머지는 모두 우리 조선사람으로 채웠었지

한 농투산이의 넋두리 19

– 기숙사의 똥산과 똥탑

기숙사는 동서남북으로 단지가 나뉘는디
2층 건물 10여 채씩 모여 한 단지가 되고
한 동이 28실로 입구엔 사감실과 의무실이 있었는디
소화제와 옥도정기 뿐잉게 이름 좋은 월명 각시* 였제
우리한티 군인과 똑같은 의무를 지워서
왼쪽 가슴에 '응징사'라는 장식을 붙였어
태반이 글을 읽고 쓰지 못하는 까막눈들이라
스스로 규율을 정혀 생활허는 것은 그만두고
똥오줌 가리기와 청소하기도 어렵도만
변소 바닥에 오줌 똥을 질펀허게 내깔깅게
바닥은 오줌이 흥건허고 똥이 산을 이루어서
발 디딜 틈이 없응게 인자 밖으로 나가설랑
철조망 주변까장 똥탑을 수없이 쌓아버렸제
눈을 돌릴 수도 숨을 쉴 수도 없는 거라
염병, 고양이도 변을 보면 흙으로 덮는디 말여
일본인들이 더러운 조센징이라고 멸시허는디
얼굴이 뻘개짐서 고개를 못 들겠더랑게
나서서 반장과 실장을 모아 회의를 혔제

자체적으루다 청결운동을 벌이자고 말여
그렇게 변소와 기숙사 안팎을 깨끗이 헌게
일본인 사감과 지도원도 웃음서 칭찬허는디
똥오줌 가리는 게 이렇게 어려운 것인가
가만히 생각헝게 허허 쓴웃음만 나오더랑게

* 내변산의 월명암은 유명한 곳이지만 막상 가 보면
적막한 암자에 불과한 데서 나온 말.

한 농투산이의 넋두리 20
– 일본인보다 악랄한 조선인 지도원

기숙사 동마다 사감과 의무원이 있고
지도원 2명까장 일본인 네 명이 있었고
우리가 뽑은 조선인 지도원이 두 명이었는디
전주에서 온 김씨와 상서 사람 장씨였제
이들이 은근슬쩍 사람들을 들볶는 것이여
알량헌 배급품이나마 빼돌리기 일쑤고
돈 꿔달라 담배 달라 혀서 빼앗고
기세등등 안하무인 날뛰는 것이여
때리는 서방보다 말리는 시누이가 밉다고
일본인 지도원은 못 본 척 외면허고
조선인 지도원은 악질로 더 날뛰등만
여우가 호랑이 힘을 믿고 위세 부리는 거여
다시 반장과 실장을 모아 정식 항의혔지
무능한 일본인 지도원 교체하라
조선인 지도원 두 명은 공개사과하고 물러나라
착취한 물품은 즉각 변상하라
사감은 두말없이 요구를 받아들였고
조선인 지도원은 무릎꿇고 절함서 사과혔지

상서 사람 장씨는 해방 뒤에도 가끔 만나는디
막걸리 잔을 기울임서도 그때 야그는 안하등만

한 농투산이의 넋두리 21
– 배고픈 설움

이 설움 저 설움 다 젖혀놓고
배고픈 설움이 젤로 크다지만
당해 봐야만 그 설움 알 것이네
지 배부르면 종 배고픈 줄 모르는 법인께
나는 비위가 약헌 디다 입이 짧어
주먹만큼밖에 안 먹는 소식가인디도
끼니때면 눈물이 뚝뚝 떨어지더랑께
맹물 같은 된장국이 한 컵 정도
밀과 국수에 쌀을 섞은 주먹밥 한 개
세 살배기 배도 채우지 못헐 것이여
길가에 버려진 밀감 껍질 주워먹는 자
쓰레기통에서 채소 찌꺼기 찾아먹는 자
아귀 같은 동포들이 불쌍허다 못혀 밉도만
목말라도 도둑의 샘물을 마시지 않는다던
공자는 그만두더라도 염치는 있어야제
허기사 일본에 끌려오지 않았더라면
조선 땅에서 밀감 껍질을 주워먹었겄능가
일요일에 먹을 걸 찾아다니다 노다지판 발견

오후 다섯 시에 된장국과 죽을 배급하더라고
염치불구 일본인 앞을 네 번 새치기혀서
십 전짜리 된장국 네 그릇을 사 먹고
황소 물 쓰듯 수돗물을 마셔댔더니
배가 요강 꼭지가 되어 부풀었어도
구수한 된장 냄새가 자정까장 맴돌았제

한 농투산이의 넋두리 22
– 밀감 장사

일요일 일과가 된 된장국 사 먹기
까막눈인 실원들을 데리고 쏘다니다
멀리서 풍기는 밀감 냄새를 맡고
십 전에 밀감 한 개를 사 와서
열일곱 명이 고루 나눠 먹었제
다음 일요일 두 사람을 데리고
보통학교 때 배운 기억을 더듬어
밀감 주산지인 화가산 현을 찾어나섰제
전차와 버스를 몇 번이나 갈어타고
드디어 황금빛 밀감밭을 찾았당게
밀감은 통제품이라 살 수 없기에
일부러 구석진 외딴집을 찾아강게
노파와 젊은 아낙이 마당을 치우도만
아들을 멀리 중국 전선에 보냈다며
우리에게 밀감을 권하는 노파에게
배곯는 사정을 일본어로 통사정혀서
1관 당 3원에 한 사람당 6관씩 샀어
돌아와 나눠주고 나머지는 숨겨놨는디

하나에 30전씩 팔라고 어찌 을러대던지
졸지에 밀감장사꾼이 되어 버렸당께
이렇게 장사혀서 1200원을 벌었는디
40개월 월급에 해당허는 큰돈이었제
고향에 50원씩 두 번 송금혔는디
관부연락선이 끊기면서 더는 못혔어
몽땅 보냈다면 외할머니가 나서셔서
논밭도 사고 살림살이가 엿가락 늘이듯
쭉 피었을 것이고 가난도 벗었을 거인디
지금도 가끔 생각허믄 아깝당게

한 농투산이의 넋두리 23
– 공포의 B-29

11월 들어 연합군 공습이 심해지는디
미군의 B-29 폭격기는 엄청 무서웠제
때리는 매보다 겨누는 매가 더 무섭다고
크게 부수지도 않음서 찔끔찔끔 터지는디
물 고인 방공호에서 밤새 덜덜 떰시롱
시린 발가락을 고무신 속에서 옴지락거리다
2층 다다미방에 돌아와 따뜻해질만 허믄
뚜우 하는 사이렌 소리가 고막을 찢음서
오사까 천지를 들었다 놓았다 허는 거여
이 공장 저 공장에서 사이렌이 합창을 헌게
그야말로 사이렌 소리에 갇혀 사면초가였제
하룻밤에도 몇 번씩 너댓 대의 B-29가
우람한 상어고래처럼 스르르 미끄러짐서
폭탄 몇 개를 떨구고 유유히 사라지제
만일의 사태를 대비해 보따리를 줄이려고
그동안 애써 수집한 일어판 '생명의 실상'
30권을 종잇값의 헐값으로 처분혔어
'너희들은 천지만물과 화목하라'고?*

터지는 폭탄과 어떻게 화목허란겨
트렁크만 달랑 머리맡에 두고서
신발을 신고 잠자리에 들었다가
폭탄 터지는 소리에만 대피하는겨
폭격이 잦아징게 차츰 적응된 것이제

* 다니구찌 마사하루,『생명의 실상』1권.

한 농투산이의 넋두리 24

– 조선소 현장 작업

전쟁 막바지라 먹을 게 없어 그렇지
시바다니조선소의 현장작업은 별게 아니여
철판이나 나무토막을 나르는 것잉게
그저 일본인 기술자 보조 노릇이였제
일보다는 배가 고프다는 게 문제지
힘이 없응게 틈틈이 조는 게 일과여
감시원의 눈을 피해 기름탱크 뒤에서
눈을 감고 미지근허게 등을 지지는 거지
등을 기대고 가만히 생각해 보면
인원 줄이고 밥을 늘리면 될 거인디
무작정 인원만 늘리는 게 어리석더라고
긍게 징용 전에 일본에 와서 일한 사람들이
하나 둘 조선소를 탈출허는 것이여
탈출자가 쓰던 이불을 서로 갖다 덮어도
공습에 떨고 또 추위에 떨어야만 혔지
이불을 술값으로 주는 사람도 있었는디
조선소 동쪽 모퉁이에 밀주집이 있었거든
허긴 잦은 공습으로 언제 죽을지 모른게

살아서 고향 땅을 밟을지 어찌 알겄능가
오직 오늘 이 순간만이 분명할 뿐이제
상당수가 도박에 빠져 허우적거리는 거여
일본인 사감은 점잖고 위엄 있는 선비였어
도박꾼을 보면 사감실로 데려가 타일렀지
그러자 파수꾼을 세워 사감 눈을 피하거나
아예 철조망 울타리 외진 곳으로 나갔지
체념과 절망에 빠진 가련한 군상들이었제

한 농투산이의 넋두리 25

– 딸을 주겠다던 일본인 조장

12월 발자국 눈이 살짝 내리더니
추위를 모른다는 오사까도 제법 춥더만
수십 년 만에 처음 당하는 일이라데
작업 현장에서는 관솔 박인 목재를 패서
불을 피우고 몸을 녹이는 게 일과였제
말하자면 공짜 밥에 공짜 월급인 거여
일본인들도 우리랑 불을 쬐며 보냈는디
'일본은 지고 미국과 소련 한쪽은 망한다'
일본인 조장은 가끔 이렇게 말혔제
나는 담배를 피우지 않아서 모았다가
조장에게 주면 함박웃음을 지었어
나이 차이를 떠나 흉허물 없이 지냈제
'아주머니는 예쁜가 자녀는 몇인가'
자기 마누라는 아주 예쁜 미인이고
딸 다섯이 모두 일등 미인이라는 거여
어느 날 찐 고구마를 서로 나눠 먹다가
딸을 줄 터이니 일본에서 살면 어떠냐는겨
허튼소리 한 번 않는 과묵한 조장이니께

사실은 농담 속에 진담이 있는 거였는디
어떻게든 살아 고향에 돌아가서
외할머니와 홀어머니를 모셔야 헝게
그냥 못 들은 척 빙긋이 웃었지

제2부
마침내 조국 땅에

한 농투산이의 넋두리 26
— 공습으로 불타는 오사까

발자국 눈이 내리고 열흘쯤 뒤여
참말로 끔찍헌 밤이 오고 말았제
초저녁부터 여기저기서 사이렌이 울어도
될 대로 되라며 신발 신고 누워 있었제
갑자기 사이렌이 자지러지게 울어 보챔서
사감의 다급한 목소리가 복도를 울리더랑께
'대공습이다 대공습 빨리빨리 피하라'
'공습경보, 공습경보, 적기 대편대 공습 중'
라디오도 공습경보를 숨 가쁘게 외쳐대더니
저만치 B-29 20여 대가 나란히 줄을 지어
서쪽에서 시커먼 상어 떼처럼 날아오더니
도심 상공에서 소낙비처럼 소이탄을 쏟아붓고
육중한 몸을 뒤채더니 동쪽으로 사라지는디
소이탄 뚜껑이 열리는 순간 불꽃이 팍 터지고
국수가닥처럼 불꽃을 늘어뜨리며 떨어지는디
하늘에 하얀 빛줄기가 흘러내려 꽃밭이도만
소이탄에서 찐득헌 액체 묻은 비단천이 쏟아짐서
나무든 건물이든 붙어갖고 오래오래 타는 것이여

소이탄 편대가 지나가면 또 폭탄 편대가 날아오고
이렇게 한 사십 분 번갈아 폭격기가 날아댕깅게
오매 하늘이 깨져불고 땅이 폭삭 무너지는 것이여
불바다가 된 오사까는 차츰차츰 잿더미가 되아가고
기왓장과 돌조각이 탕탕 총소리로 솟아오르고
커다란 대들보가 우지끈 쾅 허고 무너지는디
뚝딱 뚝딱 투두두 퉁 불 튀기는 소리가 요란혀
네로 황제가 보았다면 날뛰다가 발광혔을 것이고만

한 농투산이의 넋두리 27
– 조선소의 연합군 포로들

근디 말여 조선소는 대공습에도 무사혔어
완공을 눈앞에 둔 군함도 있었는디 말여
폭탄은 아예 옆에 날아오지도 않었고
소이탄 몇 개가 비단천을 날리며 떨어졌지만
죄다 달라붙어서 불길을 금방 잡아버렸제
우리 말고도 연합군 포로가 천여 명 있었는디
군복이나 군모는 얼굴색처럼 서로 달랐지먼
코빼기가 주먹처럼 튀어나온 구두는 똑같었제
키가 구 척에 몸채가 깍지동만헌 거인부터
조선사람맨치 쪼끄마한 사람까지 가지각색인디
시든 시레기처럼 비비꼬인 몰골에 눈은 퀭허고
둔헌 걸음걸이로 줄지어 작업현장을 오가는디
혀가 꼬부라진 서툰 일본말로 번호를 붙이다가
틀리면 일본인 감시원의 기다란 목검이 날랐제
보고 있는 조선인들 앞에서 위세를 세워 볼라고
쪼끄만 일본인 감시원은 목재더미 위에 올라서서
일부러 거구의 포로를 끌어내 따귀를 올려붙였제
가끔 다바꼬 다바꼬 하며 담배 달라 애원허면은

피우던 담배를 슬쩍 떨어뜨리면 얼릉 주워갔제
사실 우리 조선인이 연합군 포로랑 함께 있었응께
조선소가 그 끔찍헌 공습을 모면헌 게 아닌가 싶어

한 농투산이의 넋두리 28

— 폐허가 된 오사까

대공습 후 폭격은 신경 건드리는 정도인디
전선이 끊기고 땅이 갈라지는 지진이 났어
집채만한 기름 탱크가 흔들흔들 휘청대는디
정신이 몽롱해짐서 몸을 가눌 수가 없도만
피해가 커지면 일본인들이 꼬투리를 잡어서
우리 동포와 포로들에게 해꼬지하지 않을지
관동대지진 사건이 떠오름서 겁이 나는거여
다행히 큰 피해 없이 지진이 멈추더라고
일요일에 잿더미가 된 시내 일부를 돌아봤제
십 리 정도 넓이로 타버린 흔적이 뚜렸헌디
꼭 팔십 넘은 노인 이빨같이 듬성듬성허도만
담뱃잎을 쌓아둔 창고는 모락모락 타고 있고
여기저기 수도 파이프는 터져 물을 뿜어대고
눈에 보이는 것은 온통 새까만 쇠붙이뿐이여
퀴퀴한 노린내와 송장 타는 냄새 등이 뒤섞여
머리가 지끈대고 구역질에 현기증이 나도만
개미 새끼 한 마리 없는 죽음의 땅이더랑께
식량 사정은 더욱 나빠져 뱃가죽이 등에 붙었어

하서면에서 온 요령꾼 친구가 동작이 재빨라
밭에서 슬쩍 훔친 파에 소금을 넣고 끓여서
철조망 울타리에 모여 먹으며 허기를 달랬제

한 농투산이의 넋두리 29
– 가짜 환자들

사람이 많이 모여 생활헌께 환자도 많었어
2층 끝방 환자실에는 가짜 환자도 있었제
어느 날 이상엽이가 빨래를 널다 추락했어
동네 친구인 그가 엉뚱한 걸 알고 있응게
나는 그의 연극을 속으로 눈치채고 있었제
상엽이가 눈을 하얗게 뒤집고 침을 흘리자
우리는 들것에 메고 가면서 소리를 질렀제
덴깡보오샤*
덴깡보오샤 함서 막 달려갔제
눈을 감고 게거품을 계속 뿜으라 혔더니
상엽이는 시킨 대로 멋지게 연기하더만
눈꺼풀을 까본 의사가 단번에 덴깡 허더니
이십일 뒤에 상엽이는 조선으로 귀국혔어
나도 꾀병을 낼까 말까 무척 고심혔는디
고민허는 사이에 관부연락선이 끊겨버링게
병으로 귀국허는 것은 어렵게 돼 버렸지

연락선 두절을 모른 전주 사람 반장은
가짜 환자로 고생만 지지리 하다가
해방 후에야 귀국했다도만
한국전쟁 뒤 전주에서 우연히 만나 들었제

* 간질병자

한 농투산이의 넋두리 30
— 조선소 탈출

배고픔과 공습 속에서도 해가 바뀌도만
45년 3월 드디어 조선소 탈출을 준비혔어
낯선 일본 땅에서 외롭게 죽을 순 없잖여
나만 기다리는 외할머니와 홀어머니를 모셔얀게
고향 사람이 일하고 있는 노가다판을 알아내
일요일에 주소를 가지고 직접 찾아가 보았제
다까시고 역에서 내려 다시 버스를 타고 한 시간
산속의 비행장 터닦기 작업장을 확인해 두었제
고향 사람은 돈을 벌러 일본에 온 사람이었는디
징용에서 도망친 사람도 눈여겨보지 않는다 혔어
다음 일요일에 남은 옷가지를 보따리에 싸서 들고
다까시고행 열차에 올라 보따리를 시렁에 얹는데
가는 날이 장날이라고 순사가 내 옆에 앉는 거여
순사가 보따리를 보자면 뭐라고 변명해야 할랑가
마음을 잔뜩 졸이는디 다음 역에서 순사가 내리더만
무사히 산골 공사장에 옷가지를 맡기고 돌아왔어
조선소 탈출 전날 밤에 트렁크를 옮기려 나오다가
복도에서 순시하는 사감을 만나 얼른 트렁크를 숨기고

배를 움켜쥐고 앉으며 배탈로 변소 간다 둘러댄 뒤
아래층에서 기다리던 반장에게 트렁크를 넘겨주고
개구멍으로 나가 철조망 밖에서 트렁크를 받았제
미리 말해 둔 동포의 집에 트렁크를 맡겨 놓고서
기숙사로 돌아와 동료들과 석별의 정을 나누었어
다음 날 배탈로 약국에 간다는 핑계로 정문을 나와
열차와 버스를 갈아타고 산골 노가다판으로 갔는디
조선소와 달리 산골 노가다판은 아주 어수룩혀서
일하는 사람 곱절 정도의 식량을 배급받더랑게
정말 오랜만에 콩을 섞은 쌀밥을 배불리 먹었제

한 농투산이의 넋두리 31
– 힘겨운 노가다판

산골 노가다판에서 배고픈 설움은 벗었지만
약골은 감당 못할 힘겨운 작업장이였제
비행장 터를 닦느라 파낸 흙을 날라야 허는디
힘에 부쳐서 흙을 가득 실은 도로꼬*에 밀려나면
내리막길을 쏜살같이 굴러가는 무거운 짐차가
굽이길에서 기우뚱 뒤집어짐서 나는 저만치 나뒹굴고
줄줄이 따라오던 짐차도 급정거를 못허고 밀려남서
10여 대가 연속으로 뒤집어지며 큰 사고가 나는 거여
부상자는 다행히 없었지만 나를 죽일 듯이 노려봄서
저 염병 등신 같헌 놈 때매 우리들까장 죽겄고만 잉
그래도 워낙 맷집이 없고 말랐응께 패진 않더라고
결국 흙을 파는 데로 옮겼는디 힘들긴 매한가지여
손바닥에서 피가 나고 땀으로 목욕험서 괭이질해도
짐차에 흙을 제때 대지 못해 도로꼬꾼이 욕을 해대고
서툰 괭이질에 흙더미에 파묻혔다가 구조되기도 혔어
임금은 주급인디 아픈 날이 많응게 밥값 치루면 없어
오히려 밥값 모자라 오사까에서 모아둔 돈을 헐었당게
거금 1300원이 조금씩 줄어드는디 속이 바짝바짝 타도만

싸목싸목** 일허면 어느 정도 흉내라도 냈을 거인디
일꾼들은 백병전을 치루듯 아우성치며 일허는 것이여
실은 작업량을 빨랑빨랑 해치우고 남는 시간 노름을 혀
모이면 도박 앉으면 도박, 칼을 휘두르기도 허고 말여
참말로 일은 힘들고 함께 어울리지도 못허는 나날이였제

* 레일 위를 달리는 궤도차

** 천천히

한 농투산이의 넋두리 32
— 도비와 미찌꼬

비행장 터닦이 공사장에서 내 별명은 꼬마였어
당시 24살 나이에 비해 어리고 앳돼 보였응게
더구나 바싹 마른 말라깽이에다 힘이 딸리니께
꼬마람서 성가시게 하지 않고 심부름꾼으로 썼제
판잣집 구석에 처박혀 자는 체하다가도 불러대면
뛰어가 물 심부름에 술 심부름을 잽싸게 혔는디
조선인이 만드는 막걸리 밀줏집에서 술을 받아오믄
심부름 값이람서 마지막 잔은 나한티 주곤 혔지
이웃 노가다 판에 일본 이름이 '도비'인 사람은
몸이 어찌 날랜지 삼십 미터 삼나무 높은디를
후루룩 올라가 일허는 거이 꼭 원숭이 같았제
긍게 높이 날라댕긴다고 도비라고 부른 것인디
이름처럼 높은 공중에서 유유히 도는 솔개였어
나이는 스물 일곱인디 일찍 결혼혀 처자식 있는
경상도 사나이로 씩씩허고 인정 많은 호인이였어
위험허게 높은디서 일헌게 우리 세 배를 받았는디
그런디도 대부분을 유곽에 가서 마구 써버렸제
내가 그 공사장을 떠날 무렵에 현지처를 얻었어

천덕꾸러기 유곽 여자 '미찌꼬'와 동거혔는디
처자식 둔 사람이 우리 이름 '미자'를 오래 이뻐허겄어
젊고 돈 있는디 다른 유곽 여자들이 가만 두었겄능가

한 농투산이의 넋두리 33

— 혼 빼는 기총소사

오사까에서 겪은 B-29가 우아한 봉황이면
군함에서 날아오는 P-51은 날쌘 솔개였제
작은 몸매로 날렵하게 먹잇감을 낚아채는겨
먹이를 보면 곧바로 몸을 돌려 내리꽂음서
콩볶듯 기관총을 튀기고 옆으로 살짝 돌다가
번개처럼 공중에 치솟다가 다시 내려오면서
마구 쏘아대며 달려등게 걸리면 그냥 죽는겨
6월 중순 오후 빤쓰 바람으로 일허는디
서쪽 하늘을 가르는 P-51 세 대가 비치다가
산에 가려 안 보이더니 별안간 머리 위에서
우르르 천둥소리로 기관총을 퍼부어대는겨
모두 머리박고 엎드려 기어가 숨었는디
한참 뒤 저만치서 살았다 일어나라 외치더만
하늘을 봉게 P-51이 저 멀리 참새만 허더라고
김씨는 삽으로 얼굴을 가리고 나무 옆에 있고
최씨는 궁둥이는 하늘로 쳐들고 머리를 박고
모두 혼이 빠져 멍청히 하늘만 보고 섰었지
기총소사는 일 분 정도였고 공사장은 넓으니께

얼마든지 명중시킬 턴디 위협 사격만 헌 것이여
비행장 터 닦는 일을 하지 말라는 경고였겄지

한 농투산이의 넋두리 34
— 밥집의 이야기꾼

비행장 공사장 밥집 주인이 마침 전북 사람이여
내가 살던 부안군이서 가까운 군산 사람인디
고향 까마귀도 반가운디 일본에서 엄청 반갑도만
주인은 유식하진 않아도 일본어도 잘하고 똑똑혔어
글씨는 젬병으로 '가다가나'를 거머리 기듯 쓰더랑게
아주머니는 인물도 좋고 마음씨가 고운 분이었어.
내가 일을 못허는 걸 봉게 책상물림 같다 하기에
고창고보를 나왔노라 둘러댕게 금새 높여 보도만
주인은 수완이 좋아 군부대 공사에 밥집까지 맡았어
거기다 현장 감독도 없응게 모두가 주인 맘대로지
군부대 공사라 특별배급으로 식량과 부식이 남아
일꾼들 배불리 먹이고 남는 건 뒷거래로 파는 거여
이렇게 한몫 잡아서 고향에 전답도 장만혔다더라고
주인 배려로 나는 밥집의 서사 노릇을 하게 됐어
밤마다 안방에서 축음기를 틀고 창가도 부르며
옛날이야기 보따리를 슬슬 풀어가며 잘 지냈지
이수일과 심순애 이야기 원작이 일본 '금색야차'랑게
감탄하면서 다른 고담책도 읽어달라고 졸라대는겨

내가 아홉 살 때 미영골 양반에게서 책 읽는 법을
흔행이 양반에게는 뛰어난 암기력을 배웠었잖여
춘향전 심청전 몇 대목에 구성지게 가락을 넣고
몸짓을 섞어가며 울리고 웃기는 것은 아주 쉬웠제
이야기책을 읽다봉게 고향 생각이 더욱 간절해져서
산골을 떠나 대도시 히메지로 가 공사장에 있다가
기회를 봐 시모노세키에서 배를 타기로 이야기하고
주인 내외와 노가다 선배들의 정겨운 환송을 받으며
산골 공사장을 떠난 것이 45년 6월 하순이였어

한 농투산이의 넋두리 35

– 히메지를 거쳐 시모노세키로

산골을 벗어나 대도시 히메지로 옹게
세상물정이 어리숙허덜 않더만 그려
무엇보다 먹을 게 부실허기 짝이 없어
잡곡밥을 주는디 내 작은 창자도 못 채워
밥집 주인이 까막눈이라 또 서사가 되았제
이번엔 훨씬 수월혔어 산골 밥집에서 해봤응께
바깥주인은 키가 훤칠허고 미남에 선비였제
인원수를 늘려 배급량을 늘릴 줄도 모르고
악착시럽게 돈을 벌려고 하지도 않았응께
몸가짐이 단정허고 말씨도 온화한 신사였어
일꾼들도 주인을 닮아 모두 유순하도만
도박도 없고 고작 막걸리 먹는 게 놀이여
조선인은 경찰서 반도계의 신분증이 필요헌디
나도 주인의 노력으로 비로소 수첩을 받았제
숙소는 수박을 쪼개 엎어놓은 듯한 판잣집인디
가끔 야생마가 별명인 P-51이 보여 기겁혔어
연합군의 공습이 날로 치열해져 죽을 것만 같여
고향으로 갈 시모노세키행 열차를 알아보는디

예매기간이 점점 연장되더만 예매가 중단돼버려
긍게 마음이 더욱 조급해져 못 견디겠더라고
45년 7월 하순 드디어 시모노세키행을 결심했제
금값으로 콩 석 되를 사서 볶아 보따리에 간직허고
마침내 고향 사람 둘과 함께 노가다판을 떠났제

한 농투산이의 넋두리 36

— 동포에게 맛본 지옥체험

히메지 역에서는 다음 역까지만 차표를 팔어
다음 역에서 내린 우리는 그 다음 역까지 걸었어
그늘에서 쉬다가 막 떠나는 군용열차에 올라탔어
군인들이 도살장으로 실려가는 소처럼 가득헌디
아무도 우리 세 사람을 거들떠보지도 않는 거여
새벽에 어느 시골 역 앞에 열차가 멈추었는디
불길한 생각에 열차에서 내려서 각자 흩어졌어
열차를 탔다 내려서 걷다 또 열차를 타고 험서
긴 칠월 해가 질 무렵 시모노세키에서 만났제
먹을 걸 파는 데가 없응게 노가다 판을 찾다가
수투룸한* 경상도 사람이 자기 매형을 소개허는디
그 매형을 만나봉게 이게 기절초풍헐 노릇이여
산적처럼 험상궂은 낯짝에 눈구멍이 화등잔 같고
미륵돼지처럼 뒤룩뒤룩헌디 가슴은 떡 벌어지고
손은 솥뚜껑만 혀서 한 대 맞으면 가루가 될 판여
주소 성명을 대라더니 욕을 험서 귀싸대기를 쳐대
'쌍놈의 전라도 개똥쇠들, 회사에서 도망친 새끼들'
아뿔사! 우리가 제 발로 호랑이 굴을 찾아간겨

점심은 잡곡밥이고 하루 두 끼는 죽 한 그릇인디
일은 어찌나 고된지 종일 엎드려 땅 파서 나르다가
창자가 등에 붙은 채 죽을 둥 살 둥 일만 혀야 혀
근디 그 각시는 얼굴이 갸름허고 매우 인자헌 분여
어느 날 산적이 밖에 나갔을 때 이때다 싶더랑게
아줌마에게 지발 살아서 귀국허게 혀달라고 빌었어
아줌마 덕분에 보따리를 찾아들고 죽어라 도망쳤제
만리타국에서 동포에게 지옥을 톡톡히 맛본 셈이제

* 어리숙해 보이는

한 농투산이의 넋두리 37

– 기생 오라비를 따돌리고

1945년 8월 9일 마침내 시모노세키에 왔제
귀국이냐 현해탄 물고기밥이냐가 달렸응게
조선으로 가는 배를 알아보려 쏘다니는디
기생 오라비 같은 청년이 우리헌티 다가오도만
개기름이 번지르르허고 툭 튀어나온 광대뼈에
째진 눈매로 흘겨보는디 영락없는 사기꾼이여
섬뜩해서 얼렁뚱땅 따돌리려고 막아서는디
두 사람이 나서면서 조선 가는 배를 물으며
속사정을 털어놓아 버링게 일이 벌어진 거여
청년은 도선장에서 배표를 사서 바다로 나가면
당장 밀선을 구해줄 수 있다고 장담을 하더니
자기만 따라오라며 휘파람 불며 앞서는 거여
호랭이 산적을 피헝게 사기꾼 여우를 만난 거제
미심쩍어 서리맞은 구렁이맨치 느릿느릿 허니께
고치* 먹은 여시** 머리를 내두르듯 고개를 저으며
포수 앞에서 설설 기는 노루마냥 안절부절 못혀
도선장 쬐끄만 사무실에서 청년이 하나 나오더니
둘이서 웃으면서 귓속말로 속닥이며 노닥거리길래

얼른 뒤돌아 번개처럼 뛰어 저만치로 숨어버렸제
기생 오라비 일행이 우왕좌왕 기웃기웃 뒤지는디
하느님 하느님 부르면서 마음속으로 빌었당게
청년들이 서로 책임을 떠넘기며 저만치 가도만
어둠이 내리고 사방이 쥐 죽은 듯 조용해지자
그제야 안도의 숨을 내쉬며 거기서 빠져나왔제

* 고추
** 여우

한 농투산이의 넋두리 38
– 달콤한 상한 밥 한 그릇

기생 오라비 일행을 어렵게 따돌리고
부두 한쪽에서 노숙이나 하려 하는디
사이렌 소리가 숨 가쁘게 우는 거여
크고 길게 작고 짧게 사면팔방이 온통
처절하게 울부짖는 사이렌 소리 뿐여
우리는 얼른 주변 산으로 뛰어들었제
찢어질 듯 고사포 소리가 울어쌓더니
당황한 일본군들 고함소리가 들리는겨
어둠 속을 가만히 봉게 고사포 진지여
섶을 지고 불 속으로 뛰어든 셈이제
앗 뜨거라 산길을 더듬어 내려오니까
그제야 공습 해제 사이렌이 울리도만
저만치 희미한 남폿불 아래 어렴풋이
대문 사이로 한복 입은 여인이 보이는겨
용기를 내 기침을 하며 안으로 들어선게
놀란 여인이 물러서며 우리를 경계허는디
무례함을 사과하며 먹을 걸 사정헝게
아무것도 대접할 게 없다며 미안해함서

장독대에 있는 밥을 아끼다 상해버려서
풀이나 쑤어야겠다기에 그거라도 달랬더니
얼른 치마폭에 상한 밥을 감추는 것이여
만리타국에서 남의 밥을 뺏을 순 없다며
마음을 달래보았지만 팔이 먼저 나가도만
상한 밥그릇을 빼앗아 바닥에 눈꼽만큼 붙은
밥을 셋이서 게 눈 감추듯 먹어치우고서
찬물을 벌컥벌컥 마셨더니 참말 꿀맛이더만
그제야 정신 차려 백배사죄하고 문을 나서는디
벽시계가 새벽 두 시를 가리키며 지켜보더만
그 여인은 손을 흔들며 무사귀국을 빌어주었어

한 농투산이의 넋두리 39
— 고마운 경상도 아저씨

상헌 밥을 빼어먹은 우리의 무사귀국을 빌어주는
맘씨 좋은 아주머니 생각에 기분좋게 내려오다
수투룸허면서도* 믿음직한 느낌의 아저씨를 만나
사정을 털어놓고 도와달라고 간절히 청혔더니
자신은 경상도 출신으로 일본 생활이 제법 됐고
자기 조카도 징용에 끌려와 고생허는 걸 찾아내
며칠 전 밀선으로 귀국시켰는데 걱정된다는겨
아저씨가 부둣가에서 알아보더니 배를 구했담서
새벽 다섯 시에 선창에서 태워 주기로 혐서
육백 원 뱃삯을 주고 수중에 돈 있는 눈치 보이면
위험천만하다 신신당부허는디 꼭 친정어머니 같도만
후텁지근한 더위에 낡은 트렁크를 들고 선창에 오니
경상도 아저씨가 형편없이 작은 발동선을 가리킴서
너희는 여길 떠나도 된다는 소개증명서가 없응게
어디서든 일본 관헌의 눈을 잘 피해야 허고
배는 밤에만 조용조용 가야 하니 바닷물 조심허고
낮에는 미군 비행기를 피해 섬에 얌전히 숨으라며
여러 가지 주의사항을 하나하나 일러주더만

고마워서 경상도 아저씨에게 사례금을 드렸더니
완강히 거절하고 주소와 성명도 알려주지 않았어
나는 두 손 모아 천지신명께 간절히 빌었지
착헌 우리 경상도 아저씨에게 복을 내려주소서

* 어리숙한 듯하면서도

한 농투산이의 넋두리 40
– 표류하는 배에서 사경을 헤매고

1945년 8월 10일 새벽 시모노세키항 출발
잘 있어라 수백만 재일동포여 우리는 간다
하지만 작은 통통선으로 고국 땅을 밟을지
현해탄에서 물고기밥이 되어 외롭게 떠돌지
서른 명 남짓 탄 작은 배는 초만원이여
운명을 하늘에 맡기고 작은 섬을 지나가다
날이 밝기 전 이름 모를 섬에 배를 대고
우리 셋은 소개증명서가 없어 따로 숨는디
콩밭만 누렇게 익어가는 무인도더랑게
사람 그림자도 없고 간간이 미군기가 날고
실눈 같은 초승달이 기울자 배는 다시 출발
이렇게 밤에만 작은 섬과 암초 사이사이로
요리조리 곡예하듯 느리게 5일간을 가더니
갑자기 14일 자정 무렵 배가 멈춰버리도만
망망대해에 일엽편주 신세로 흔들리는디
적막을 깨고 노 젓는 소리와 통통거리는 소리에
울부짖고 고함치는 소리가 한덩어리로 다가오다
멀어지길 반복허는디 모두 일본쪽으로 가는겨

'이찌 늬 상'하며 노를 젓더니 금세 사라져버려
날 새기 전 떼지어 서둘러 일본으로 가는가벼
8월 15일 새벽 3시 이래저래 죽을 목숨이니
최후의 방법이라며 선장이 화약을 손에 들고
담배에 불을 붙여 화약에 옮기는데 4번 다 불발
이제 조금 있으면 불빛을 보고 미군기가 날아와
우리 모두 현해탄의 물고기 밥이 될 것인디
나는 물갈이 때문인지 그만 이질에 걸려
밤이면 뱃전을 붙잡고 피똥을 싸대다가
힘이 없어 식은땀을 흘리며 몸서리치다
혼절해서 그야말로 사경을 헤매게 되었어

한 농투산이의 넋두리 41
– 자연요법으로 삼일 만에 살아나

피똥을 쏟고 혼절했다 소란스러워 깨어났어
아! 내가 죽지 않고 살아 있구나! 고개 들어
살펴보니 눈부시게 밝은 해가 중천에 있어
이렇게 밝은데 왜 미군기가 보이지 않을까
무슨 사정으로 이렇게 출동이 늦는 걸까
배는 바람에 밀려 작은 섬에 가까워지는디
섬사람들이 손을 내저으며 접근을 막는겨
허지만 억센 뱃사람들을 막을 수 있겄어
미군기가 나타나면 섬은 쑥대밭이 되니께
제발 몸을 숨기라는 애원이야 알아 들었제
섬 주민은 남자라곤 영감쟁이 한 사람에
남편들을 전장에 보낸 아낙네와 애들 뿐이여
나는 아낙네들과 함께 수다 떨며 친해져서
'네에짱 나니까 다베모노 나이까네?'* 하며
사정사정해서 호박 몇 덩이를 겨우 구하고
헛간에 있는 마른 미역과 멸치젓을 가져다
멸치젓을 양념으로 미역국과 호박을 끓여 먹고
해수욕을 하며 헛간 그늘에서 낮잠도 자고

햇볕에 달궈진 바위에 몸을 뒤집으며 지지니께
피똥 누는 횟수와 양이 눈에 띄게 줄어드는겨
8월 18일 삼일 만에 건강을 회복하고 일어났제
어쩐 일인지 그간 비행기도 통 보이지 않고 말여

* 누나, 뭐 먹을 것 없어?

한 농투산이의 넋두리 42

— 풍랑이 잦아들자 찾아온 도원경

1945년 8월 18일 오후 늦게 섬을 떠났어
나흘 동안 섬에 머물며 배를 고친 거여
쬐끄만 덴마선을 타고 이웃 섬에 나가
화약을 구해와 몇 바퀴 시운전을 허더니
잠시 통통거리는디 느닷없이 파도가 일다가
성난 파도로 돌변해 배를 높이 치들었다가
뚝 떨어뜨리고 다시 들어올렸다 떨어뜨림서
사정없이 덮치는 시커먼 파도가 저승사자여
불도저 앞에 삽질이요 반석에 계란 던지기여
제갈량의 술법 아니면 손을 써 볼 수가 없어
살 팔자인지 이질이 나은 뒤였응게 다행이었제
간신히 이웃 섬으로 피허니께 날이 새도만
8월 19일 여기저기 할퀸 상채기를 수리허고
섬에는 노인 두셋에 아낙네와 애들 뿐인디
발가숭이에 훈도시만 찬 모습이 이색적이도만
아낙네도 훈도시에 젖통을 흔들며 댕기는데
오징어가 지천이어서 헐값에 실컷 먹었제
다시 배를 수리허고 바람이 잔잔헌 밤 늦게

떠나는디 달은 휘영청 밝아 물 위를 비추고
섬 사이를 지나는데 물은 잔잔허고 산은 고와
기암괴석이 어울려 포효하는 호랑이가 됐다가
사자가 춤추며 고개를 내밀다 다시 웅크리고
새들이 나무에서 부리를 맞대고 애무하는 듯
바다와 섬과 달이 아름다운 그림을 그려내니
무릉도원인 듯, 솔거가 비단에 그린 그림인 듯
아름다운 선경에 도취했다 좁은 협곡을 벗어나
망망대해를 엔진 소리도 경쾌하게 달려가보더라고

한 농투산이의 넋두리 43

— 마침내 조국 땅에

통통배로 망망대해를 경쾌하게 나아감서
휘영청 밝은 달에 꿈같은 선경에 설레다가
날이 새니 8월 20일 음력 7월 열사흘이여
꼭 열하루 만에 처음으로 주간 항해를 혔어
이대로면 오전 일찍 부산항에 닿는다는겨
바닷바람도 후덥지근허게 굉장헌 더위였제
저만치 마스트만 내밀고 침몰한 군함 옆으로
복쟁이 배처럼 퉁퉁 불은 송장이 떠다니는겨
소이탄 폭탄 기총소사 함포사격 B-29 P-51
모두 인간이 만들고 결국 인간이 죽어나가고
대일본이니 성스러운 전쟁이니 모두 허깨비여
전쟁터나 군수공장에 억울허게 끌려와 갖고
죽어 떠돌다니 사람이 호랭이보다 무서운겨
저 멀리 부산항이 보인다는 선원의 외침에
정신을 차려보니 수평선에 점 하나가 보여
오전 아홉 시경 산모퉁이에 배를 대고
선원 하나가 내려갔다가 뛰어옴서 외치더만
'해방이다 해방 해방이 됐다'

우리는 모두 감격의 눈물을 흘렸제
일본탈출 열하루 째 해방된 조국에 돌아온겨
얼마나 그립던 내 나라 내 땅이냐
보고파 얼마나 목메어 울었더냐

한 농투산이의 넋두리 44

– 무표정한 부산 시민들

어려운 공무원 시험에 떡허니 붙었다가
대지주인 김성수 아들헌티 밀려나갖고
임명장 대신에 징용 영장을 받아들고서
억울함에 치를 떨고 피눈물을 삼킴서
늙은 외할머니와 홀어머니 곁을 떠나
가수 윤심덕이 자살헌 현해탄을 건너
오사까 시바다니 조선소에서 일허면서
생각지도 안헌 밀감장사로 몫돈을 쥐고
조선소를 탈출혀 노가다판을 떠돔서
악질 동포에게 지옥을 겪기도 혔지만
맘씨 좋은 동포들 덕에 밀선을 타고
이렇게 살와왔응께 하늘의 보살핌이고
외할머니와 홀어매의 치성 덕분인겨
어렵게 10개월 만에 고국에 돌아왔는디
항복헌 일본군이 치안을 맡어서 그런지
'해방 만세' 벽보가 더러 보일 뿐이고
해방의 감격이나 기쁨은 도무지 없고
왜 다들 무표정이고 무관심인지 몰러

도로 양쪽에 좌판을 늘어놓은 여인들이
김밥과 떡과 과일을 수북이 쌓아놓고
손을 까불며 불러대는 모습만 살아있어
값도 싸서 이십 전어치만 사도 충분헌겨
셋이서 잔뜩 사서 그늘에서 먹고 났더니
밀감 하나를 열일곱 명이 먹던 생각에
역시 내 나라 내 민족이 제일이라 생각혔제

한 농투산이의 넋두리 45

— 배설물로 뒤덮인 부산역 광장

오사까 시바다니 조선소 기숙사에서도 그랬는디
해방된 조국의 부산역 광장도 온통 똥산이여
멸시받던 더러운 조센징에서 이제 벗어났는디
내 나라 내 땅에서도 똥오줌을 못 가리는가
해방된 지 6일 만에 다시 돌아갔단 말인가
'조선인은 똥오줌 가릴 줄 모르는 미개인이다'
이 땅에 상륙헌 미군의 입에서 나온 말이여
건국 후 본국에 돌아간 외신기자의 혹평
'한국은 도둑놈의 나라다
한국에서 민주주의를 바라는 것은
쓰레기통에서 장미꽃을 바라는 것이다'
얼마나 모욕적이고 울화통 터지는 말인가
스스로 반성헐 점이 없는지 살펴봐야 혀
부산역은 열차 운행시간표도 표도 없고
열차가 오면 서로 떠밀고 아수라장이여
아슬아슬 인파를 뚫고 상행선을 탔어
악다구니 속에서 땀을 흘리며 달리다가
대전역에 내려 여관에서 하룻밤을 보내고

다음 날 일찍 나가 호남선을 기다리는디
대전역도 지나온 부산역허고 똑 같은겨
즐비헌 똥탑에 매표도 없는 무임승차까지
1945년 8월 21일 오후 늦게서야
비로소 고향 줄포 땅을 밟았는디
내가 고향에서 최초의 귀국자였제

한 농투산이의 넋두리 46
— 일본인들의 인상

섬나라는 나름 섬나라 근성이 있당게
긍게 '시마구니 곤죠'* 라며 욕을 혔지
고향에서 겪은 인상도 좋지 않았어
근디 본토 일본인은 좀 다르더랑게
물론 일본제국은 불구대천 원수지만
일본인 모두를 미워혀선 안 되겄더라고
그 사람들헌티 좋은 점은 배워야 허니께
그들은 하나같이 상냥허고 친철허도만
헤어질 때 부모뻘인디도 일어나 인사허고
길을 물으면 멈춰서서 자상허게 일러줘
차 안이나 극장에서도 정말로 조용혀서
바늘 떨어지는 소리도 들릴 정도더라고
차 안에서도 모두 책을 꺼내 읽고 말여
길가나 공원에는 담배꽁초 하나 없더만
패전이 다가오는디도 당황하는 기색 없고
전장에서 젊은이들이 삼대 쓰러지듯 죽는디
태평양 남양군도에서 전원이 옥쇄혔다는디
전장으로 나가는 젊은이를 태연하게 둘러싸고

일본 국가를 불르고 '센닝바리'** 를 매어주제
허지만 친절이 일본을 나서면 잔인함이 되고
단결력이 전쟁과 혹독한 지배자로 군림했음을
잊지 말아야제 일본이 일어나니 조심허라잖여

* 섬나라 근성
** 천 사람이 한 바늘씩 떠서 무운장구武運長久 등 수를 놓음

한 농투산이의 넋두리 47
— 일본인 순사 이야기

줄포에는 만석꾼 신세원, 삼천석꾼 김삼여
천석꾼 김동준, 백석꾼 김학선과 배일환 등
부자들이 모여 모꼬지한 곳이라고 말혔어
조선에서 큰 부자로 이름을 떨친 김성수와
그의 큰집과 작은집이 다 줄포에 살았응께
일제강점기 줄포는 쌀과 생선의 집산지고
일본인이 가장 즐기는 전북쌀의 수출항인게
줄포항 아무개 허고 일본과 연락할 정도였다네
긍게 부안경찰서가 줄포에 30년까지 있었겄제
남향의 목조 단층 기와집인 경찰서를 지나가믄
'고노야로'* 소리침서 쇠좆매로 치는 바람소리와
구둣발로 바닥을 구르는 쿵쾅 소리와 어울려서
쩌렁쩌렁 건물을 울리니께 목이 움츠러들었제
부안 읍내로 이전험서 경찰서 건물을 철거할 때
마루 밑에 커다란 옹기 항아리가 줄지어 있더랑게
긍게 항아리 땜시 소리가 울려 건물이 울린 거제
근디 일본 본토의 순사는 똑 소학교 선생님 같더만
공사장 부근에서 소를 훔친 청년 둘이 붙잡혀서

막 우니께 손수건으로 눈물을 닦아줌서 데려가더만
일본경찰엔 반도계가 있어 조선인을 감시혔는디
징용으로 끌려온 조선인한티는 아주 무관심한겨
통제품인 밀감자루를 메고 있어도 몰라라 허고
조선소 도망자는 한 명도 붙잡혀오지 않았거든

* 이 새끼

한 농투산이의 넋두리 48

— 일본 탈출 운운에 대해

유력자 탓에 일본에 징용으로 끌려갔다가
시바다니조선소를 도망해 공사장을 떠돌고
배고픈 설움과 힘겨운 중노동에 시달리다
천신만고 끝에 밀선으로 현해탄을 건너며
풍랑과 기관 고장에 이질로 죽을 고비 겪고
천운으로 10개월의 일본 징용 생활을 벗어나
첫 번째 귀국자로 고향으로 돌아온 사정을
'일본탈출기'란 제목으로 이렇게 써 보니께
제목이 조금 마음에 걸려 영 불편헌겨
나보다 수백 배 고초를 겪은 사람도 많고
멀리 사할린에서 고국을 그리며 눈물짓는
억류 동포의 애끓는 슬픔도 있는디 말여
'오오기미니 메사레따루'* 군가 부르던 환송회에서
전투모를 쓰고 전장에 나선 동기동창 김기성은
어디서 무덤도 없이 외로운 영혼으로 떠도는지
징병 학도병 징용 정신대 등으로 끌려갔다가
개죽음되어 이름조차 잊힌 조선인이 그 얼마일꼬
'일본탈출' 운운하는 것이 송구할 뿐이고만

그저 나라 잃은 시절 한 가난한 사람이 겪은
하찮은 수기의 한 토막으로 여기면 되겠제

* 천황에게 부름을 받아

한 농투산이의 넋두리 49

— 줄포에 살던 일본인들

일제 강점기에 우리 줄포는 물자의 집산지로
서해 중부 이남의 4대 항구 가운데 하나였제
특히 조선쌀의 일본 수출항으로 유명허다봉게
일본 사람들도 많이 들어와 이웃으로 살었는디
해방 40년이 넘었어도 기억나는 사람들이 있어
'마베'는 큰 목화 창고를 두고 목포까지 거래혔고
선구점을 허던 '우치다'는 어업조합을 설립혔고
약국 허던 '니키'는 겉옷 하오리에 훈도시 차림이라서
불알싸개 사이로 물건이 덜렁거리던 순 상놈이었제
잡화상을 허던 '기쿠치'는 원숭이 한 마리를 키웠고
게다를 만들던 '고오다'는 이웃과 막걸리를 즐겼어
줄포여관에 여자를 두고 고급요정을 겸하던 '후지오카'와
사별한 아내는 제과점 주인 '스쿠다'와 재혼했제
깡마른 몸에 망치질허던 대장장이 '다카모리'
지주인 '소노베'는 식당의 간장까지 마신다는
지독한 구두쇠로, 짠 사람을 '소노베 같은 놈'이라 혔제
당산나무 윗집에 살던 줄포보통학교장 '곤도'는 온화혔고
줄포주재소 수석이던 '오이카와'는 징용 환송식에 왔었제

후촌의 송규련과 장삼암이 기술을 배운 목수 '이다'
간들간들한 몸매에 인사를 깍듯하게 허던 일본인 중이
대나무 울타리에 둘러싸인 절에 살던 기억도 나는구만

한 농투산이의 넋두리 50
– 줄포의 인물들

줄포의 인물 허면 대지주에 교육자고 정치지도자인
인촌 김성수가 제일 먼첨 떠오르는디 부통령이었제
이승만이 강제로 대통령 간선제를 직선제로 바꿀 때
이승만의 만행을 비판험서 부통령직을 던져 버렸제
보수적이지만 진보당의 조봉암을 옹호허며 밀어주고
일제시대 대다수 독립운동가가 그의 도움을 받었제
젊은이들에게 학병을 권유험서 정작 자기 아들을
살리고자 과부 아들인 내 공무원 자리를 빼앗응게
일제에 협력해 동족을 사지로 내몬 친일행위이제
해방 6일 후 귀향헌게 그 아들은 서울로 갔더만
우리 둘째가 내 수기를 '일본탈출기'로 출판헌게
동아일보에서 찾아와 그럴 리가 없다고 허더래
피해자의 피눈물 나는 기록이 있는디도 말이여
인촌의 동생 수당 김연수도 유명헌 기업가인디
줄포 태생으로 국무총리 헌 김상협이 그 아들여
그려도 인촌 집안은 후덕혀 인심을 잃지는 않었는디
줄포보통학교 13회 미당 서정주는 평판이 안 좋았지
그 아버지가 인촌 집안 마름으로 유세가 대단혔거든

이런 부자와 유력자들 말고 모두가 존경허던 인물은
30년대에 거금으로 주민들을 구휼헌 김삼여 선생이지

제3부
꽃그늘로 오시는 임

이 봄에

겨우내 서성이던 발자욱을
지워버리는 지워버리는
이 봄에

그 어느 하늘 아래
우리들의 집을 지을거나

꽃그늘로 오시는 임

— 산내 뼈잿골에서

평생 땅을 훑으며 사는 농투성이든
옹이 박힌 손에 기름 마를 날 없는 테바치든
파리한 손가락으로 글을 짓는 샌님이든
내남없이 고루 웃음 짓는
맑고 곧은 그런 세상 그려보겠노라
밤새 골목길을 숨죽이고 헤매다
문득 안경알 반짝이며 멋쩍게 미소 짓던 임이여

어둠 속에서도 아침을 움켜쥐고
푸른 하늘을 굳게 간직한 채
할퀴며 덤벼드는 미친 파도에
수없이 뒹굴고 엎어져 자맥질해도
그예 무릎 세우고 곧추 허리 펴고
매운 바람결에 쫓긴 작은 새들 보듬으며
순순히 꽃그늘을 내어주던 임이여

갈라진 가슴밭에 흥겹게 물을 대고
맨발로 첨벙대며 얼싸절싸 써래질하며

신새벽의 카랑한 풍경소리를
흙고무래로 곱게 빗질하던 임이여
그 고운 마음씨 마침내 생채기 되어
시샘 많은 뻐꾸기에 둥지를 빼앗긴 채
소쩍새 핏빛 울음 마른침으로 삼키며
가슴 속 풀무질 숯덩이 되어 차마 잠들지 못하는 임이여

어둑새벽이면 맑은 이슬로 내리고
햇살 펼치면 아지랑이로 피어오르며
손가락 끝에 노오란 민들레 꽃반지로 찾아와
함께 어깨 겯고 부둥켜안고 무동 태우며
결코 시들지 않는 함성으로 하얗게 풍매화로 날아올라
온 들판에 꽃덤불로 끝내 살아나시라 끝끝내 살아나시라

논둑을 뜯으며

논둑에 쪼그리면 숨을 죽이는
바람, 파랗게 발아버린
숫돌이 거품을 물면
춤을 추는 낫

애써 뿌리를 깎을 필요는 없다
오로지 줌질만 요량할 뿐

팔뚝을 걷어붙이면
솟아나는 힘줄
억새는 날을 세우고, 무리져
또아리를 트는 잡초들

멈추지 마라, 이 낫질을
오로지 시작이 어려울 뿐

발을 바꾸면 무거워지는 고무신
고개들어, 마른 하늘을 쏘아보면

누운 소가 일어서듯, 불끈대는
이 끕끕함이여!

탓하지 마라, 논둑이 좁은 것을
정이면, 논둑에 바로앉는 법을 배워야 할 뿐

낫질을 멈추면 물집은 터져나고
고개숙여, 찢어진 논바닥을 노려보면
꼬치* 먹은 여시** 고개질하듯
도리질하는 이 쓴내여!

뱉지 말아라, 이 쓴내를
한사리 물길로도 씻을 수 없는
스러지지 않는 이 쓴내를 ……

* 고추
** 여우

개태사開泰寺

개태사 역장驛長이 죽었다
먼지 나는 신작로 옆에
무심하게 쪼그리고 있는 개태사
마냥, 들 건너 고아원에 버려지는 아이들
마냥, 망각의 숲에 던져진
시골 역장의 죽음, 그의 옹색한 곡절들
아무도 부끄러워하지 않는다, 이젠
왕건王建의 말발굽이든
제국주의의 철마든
성급한 발걸음의 그늘에서
썩어가는 콘돔이든

변산 구경

변산 구경을 가자며
멀리 서울서 온 처제

새벽같이 내소사로 마포로 채석장까지
꾸불텅 꾸불텅거려야 제맛인데
천덕꾸러기 자갈길
차가 뜸해서

아스팔트 부안길로 내쳐 달리니
조금 다섯 매 물때
물길은 깊어
막소금 같은 파도는 여전하건만
고기잡이 어부는 뵈이지 않고
갈매기만 저만큼에 외로 날더라

사태沙汰

열 나흗날 본 내 고향은
주체할 수 없이 무너져내리고 있었고
난 초하루부터 무너져 갔지
태고적부터 버림받은 내 고향은
천고千古로부너 무너져 왔지
장돌뱅이 숫기로 물려받은 내 고향
골골이 만가挽歌 흐르는 내 고향 앞에
난 오직 거짓뿐이구나
어둠처럼 살찐 형제들의 도시에 부유浮遊하는
온갖 진실은 나의 굶주린 형제들이
생명처럼 다투어 앗아가 버리고
난 언제나 수치스런 고향에 밀려나
거짓만을 죽음처럼 아끼며
형제들의 진실을 살찌우는
거짓이어야 한다
형제들의 오늘이 더욱 살찌기 위해
오직 우리들만인 우리네 고향의
어제가 더욱 가난하기 위하여

우리들은 형제들의 습기 끼고 부패한
어제까지의 부풀어 오른 진실의 찌꺼기를
오늘 아침상 위에 말없이 받아 올리곤
순교자처럼 조용히 수저를 든다

풍란

천년을 꿈꾸던 기다림이
뒤채이던 자리에
뿌리뻗는 풍란

늘 한 웅큼의 하늘을 좇는다

분유처럼 감미롭던 아침이
홍건이 입안에 배이면
타오르는, 타오르는
풍란의 화약 내음새

늘 한 웅큼의 하늘을 좇는다

파아란 바람에
하얀 나비가 밀려오면
지긋이 눈만 떴다가

나비

마저 가버리면
노랗게 노오랗게 내리는
풍란

늘 한 웅큼의 하늘을 좇는다

은행나무와 송덕비

한세월을 지친 몸 안아주며
흉년에는 쏠쏠한 요깃거리로
후두둑 몸을 떨구던 노오란 은행나무
징검다리 여울목에서 훌러덩 옷을 벗고
저녁상에 꼬치로 별미가 되더니
밥술이나 먹으며 기름때 끼자
구린내나 풍기는 애물단지 되어
올봄엔 머리통이 통째로 떨어지고
팔다리마저 싹둑 잘리더니
봄바람에 힘껏 잎을 내밀고
애써 팔을 뻗어 보아도
끝내 암꽃 피우지 못하누나
기울어가는 조선을 애통할 때도
넉넉한 그늘을 드리우고
피흘리는 동란에도 한아름 열매를 맺었는데
동란 때 인정을 베푼 동장
바가지로 쌀 모아 세운 송덕비
귀퉁이가 떨어져 빠듯이 서 있듯이

천덕꾸러기가 되어버린 이백 년 세월이
햇살 아래 따갑기만 하구나

새벽

창틈을 비집는 바람 타고
건너오는 목쉰 까치 울음
몇 점 남은 어둠을 쪼아댄다
안개꽃같이 서리던
간밤의 뒤숭숭함
머리맡에 떨쳐버리고
창문을 열어젖힌다
담장이 보이고
사람들은 잠들어 있다

손톱을 깎으며

늘 쳇바퀴 돌듯 빼꼼한 날들이지만
이지가지 허덕이다 겨우 숨을 고르면
손톱이 드센 차꼬처럼 손끝을 짓누른다
성큼 자라는 게 하냥 보람만은 아니어서
지름길로 와서 그늘처럼 웃자란 손톱을
눈에 보이는 만큼은 도려내야만 한다
때에 물드는 만큼은 잘라내야만 한다
여린 본심은 속살로 말갛게 살아있기 때문이다
곤댓짓으로 고개 드는 손톱 잘라내면
아침이면 몽당비처럼 닳아지면서도
별빛받아 지렁이처럼 자라나는 머리털처럼
뾰족한 촉수를 뻗대던 성깔 넉넉해졌으면
겨우내 들판을 쏘다니며 허허롭던 허리가
느긋한 군살로 허리를 에워싼 뱃살처럼
메마른 눈망울 치뜨던 마음 푸근해졌으면
사소한 집착으로 속살로만 파고드는 내향성 손톱처럼
넉넉하게 팔 벌려 보듬지 못하는 너를 보며
코를 찌르는 하얀 코털을 그예 뽑아내듯
드세고 뻗서던 너를 오롯이 깎아내리라

뜨거운 함성이여

저어기 우금티 너머 새 세상이 있어
타오르는 해를 보며 어깨 걸고 가자
돌격 앞으로! 둥 둥 둥 북이 울고
노란 천 조각에 핏빛 글씨 궁을 부적
둥둥 북소리 발맞춰 앞으로 앞으로
막동이도 돌개도 멍석이도 한 입으로
시천주 조화정 영세불망 만사지
총알도 포탄도 알아서 지나간다는데
화승총 멘 포수들이 맥없이 고꾸라지고
하얀 솜옷에 빨간 꽃송이를 그리면서
주문도 궁궁을을 새처럼 날아가고
소낙비로 쏟아지는 견준봉*의 불길
매캐한 유황 냄새 진동하는 피비린내
왼쪽 어깨가 휑하더니 내 몸뚱이 무너진다
벼락치는 기관총에 자욱한 화약 연기
쓰러진 몸이 다시 둥둥 떠오르더니
고향 고부에서 사람답게 살겠다고
선운사 도솔암 마애불에 합장하며

죽창 쇠스랑 들고 세상 개벽 해보자고
한성을 탈환하고 왜놈들을 몰아내자고
우금티 넘어 공주로 수원으로 달려가려
뜨거운 가슴으로 언 발을 녹였는데
이렇게 스러져 송장매미에 버려져도
이 산하에 붉은 함성으로 살아나
끝내 새 날 새 세상을 노래하리라
아 불꽃이여, 뜨거운 함성이여!

* 우금티의 최고봉

며느리바위

시어머니 심술은 하늘이 낸다든가
밭고랑에 볼일 보는 며느리에게
물가 작은 풀잎을 훑어 던지는데
조르르 돋은 가시에 손이 긁히자
앙다문 잇새로 내뱉는 오매 독한 년
하여 며느리밑씻개풀이 되었다든가

며느리 사랑은 시아버지라든가
부자 시아버지는 인색하고 고약해
동냥은 안 주고 쪽박만 깨는데
뜸 들었나 입에 문 밥풀 두 알
천둥 같은 불호령에 그만 쓰러져
하얀 밥풀 머금은 며느리밥풀꽃이 되었다든가

시어머니 꾸중새 시아버지 호령새
귀머거리 봉사 청맹과니 석삼년에
시커멓게 가슴 삭여 참은 덕으로
천둥번개 피해 산을 넘으려는데

모진 시부모 차마 외면하지 못해
그예 돌아보다 바위가 되었으니
미련보다 질기고 뜨거운 사랑이니
며느리바위 우뚝하고 아름답도다

범섬의 오랑캐꽃

따뜻한 샛바람이 저만큼에서 건듯 불어오면
서귀포 범섬을 보라색으로 뒤덮는 앉은뱅이꽃
강남 간 제비 돌아오는 삼짇날에 피는 제비꽃
몽고족의 길게 땋은 머리채와 뒤태가 닮은 오랑캐꽃

몽고에 끝까지 저항하며 2년을 버티던 삼별초
기름진 말을 몰고 탐라의 중산간을 달리며
탐라 여자들과 자식 낳고 살아온 백여 년
탐라사람이 되어버린 오랑캐 목동 목호牧胡

몽고를 무너뜨린 명나라의 말 징발에 반발한 목호들
삼별초를 토벌하던 여몽연합군이 닿은 명월포구로
삼백여 척의 배로 몰려든 2만여 고려 정예군에게
강정 들판에서 크게 패하고 범섬으로 도망간 목호들

범섬에 갇혀 끝내 낭떠러지로 몸을 던진 목호들에게
오랑캐와 한 편으로 몰려 비명에 숨진 섬주민들한테
고려든 명나라든 최영 장군이든 모두 낯선 오랑캐일 뿐

한 맺힌 가슴으로 내뱉은 한숨에
검게 그을린 돌에 구멍이 숭숭

불티나루와 침목枕木

깎아지른 절벽에 가느다란 청벽길
서해 갯벌 소금 나룻배에 가득 싣고
강경 나루 곰나루를 굽이굽이 돌아
청벽 아래 곰방대 한 대 쉬노라면
흰 저고리 까만 치마 둥글넓적한 아낙들
높다란 시루 이고 나루터로 몰려와
소금이 불티나게 팔려 불티나루였지

깊은 속정으로 흐르는 금강 위로
붉은 아치 불꽃 살린 불티다리 건너
금강수목원을 보듬고 있는 매봉
질경이 무성한 임도林道 따라 오르면
문득 길이 끊기고 그르렁 그르렁
희미하게 들리는 목쉰 기적소리

귀를 기울여 기적소리 찾으니
시커먼 철마를 업어주던 침목이
등이 휘어지고 살갗이 터져나가며

철길 떠나 매봉에 힘겹게 쓰러져
콜타르 옷을 벗은 맨몸으로
층지게 드러누워 나무계단 되었구나

신새벽 찬 이슬에 목을 축이고
들꽃 미소에 따사로운 가슴으로
금강을 굽어보며 말없이 잠들려는데
산너머 들려오는 사격 소리에
가슴은 멍들고 살가죽은 떨어져나가
온몸이 바스러져 붉은 흙이 되겠구나

전월산 상여바위

소꿉놀이처럼 오밀조밀한 무궁화 공원
꽃밭 옆 구름다리를 건너
가파른 오솔길로 벼랑을 넘으면
천천히 몸을 섞는 미호천과 금강을
고집스레 등지고 가부좌를 튼
작달막하면서도 야무진 상여바위

멀리 전라도 바닷가 부안에서 태어나
고려 말 공을 세운 임난수 장군이
북녘 개경 하늘을 하염없이 바라보며
망해버린 고려를 그리워하다
산초와 풀뿌리로 시들어
끝내 자진한 붉은 단심
상기도 향내로 그윽한데

문득 남녘에서 마침내 하나 되는
굽이치는 비단강을 왜 굳이 외면했을까
푸른 강은 쉼 없이 흘러가건만

왕조에 바친 변함없는 애정이
왜 그리 완고하게만 보이는 걸까

돌이켜 오솔길을 내려오는데
잊힌 무덤과 망주석 사이
더부룩한 잡목이 까칠하게 솟았는데
도도한 수레바퀴를 막아서는 사마귀들
동이 트는 새벽을 모르는 청맹과니들이
지팡이를 휘두르며 어지럽게 헤매는도다
오호라 그대들 아직도 꿈꾸는가
두터운 업장이 깊어서 두렵고나

화살나무

화단 가장자리에 줄지어 서서
한여름 마파람에 혀 빼물던 화살나무
선들선들 하늬바람 건들대며 간질이면
까르르 얼굴 붉힌 겨드랑이로
주홍빛 열매 입을 벙글고
코르크 날개 세워 뭉게구름 너머
비밀병기 애기살을 반짝반짝 날리면
마침내 가을이 먼 산을 내려오며
핏빛으로 태우는 처절한 단심
뜨겁게 태우다 하얀 재가 되면
두덕살된 가시도 녹여 빼낸다는
귀신의 날개 가진 화살나무
어깨 겯고 바람을 견디고 있다

잘못은 다 취소!

까까머리 육군 상병으로 가발 쓰고 결혼
바퀴 달린 화덕 네루*식 연탄 아궁이
개다리소반에 머리를 맞대고 밥을 먹던
방직공장 옆 어두컴컴한 사글셋방
힘겨운 내 집 마련에 애들 둘 얻어
뒤치다꺼리에 하얗게 해진 옷소매
애들이 짝을 찾아 둘씩 낳으니
둘이서 만나 이룬 열 명의 대가족
큰손자는 의젓한 초등학생인데
할머니에게 또박또박 말대답하는
일곱 살 외손자에 종주먹을 들이대니
이러면 할머니와 헤어져야 한다는 으름장
장남감과 핫초코 동치미 공세에
이제 잘못은 다 취소한다는 외손자
일녀육남의 시골 흙집에서
먼지가 뿌연 방바닥을 내리치며
내 섯바닥**이 닳을 것이면 진즉 닳았어
이 육시럴 놈덜아! 외치던 어매

먼 선산 쪽을 향해 중얼거린다
어매 잘못은 다 취소해요!

* 레일
** 혓바닥

시인 수첩

혼령이 부르는 노래

이번 이야기 시집 『바람이 부르는 노래』의 주인공인 화자 김장순(1922-2008)은 선친이다. 선친의 일본 강제징용 수기인 〈일본탈출기〉와 선친께 들은 얘기를 바탕으로, 선친의 혼령이 바람결에 자신의 억울함과 인생사를 직접 말하며 과거와 현재의 화해를 통해 전쟁 없는 평화로운 세상 만들기에 작은 음덕이나마 끼치기를 바란 것이다.

코로나19로 최근 2년 부모님 산소를 찾지 못했다. 아버지가 우리 곁을 떠난 지 14년, 어머니는 9년이 되었다. 두 분은 정읍 선산의 양지바른 쪽에 우뚝한 왕솔나무 밑에 함께 수목장으로 잠들어계신다. 두 분은 일제강점기에 태어나 식민지 백성의 한을 온몸으로 겪었고, 한국전쟁의 참혹함을 두려움 속에 감내했으며, 농투성이로 한평생 7남매의 자식들과 부대끼다 그예 무거운 짐을 벗으셨다. 이제는 정읍사 박물관을 마주 보는 산 중턱에 앉아, 굽은 등을 서로 두드리며 동편제 계면조 가락에 맞춰 얼쑤 하며 추임새를 넣고 계시리라.

아버지가 시골집에서 3년 동안 치매로 지내시다 상태가 위중해 대전의 요양병원으로 옮긴 지 채 일주일도 되지 않아 운명하신 건, 새 학기가 시작된 3월 2일이었다. 수업 중에 위급하다는 연락을 받고 요양병원으로 내달렸지만, 아버지는 이미 운명하신 뒤로 결국 임종도 못 지킨 불효자가 되었다. 그러나 그런 무거운 자책감 사이로 '아 이제 아버지가 그간의 무거운 삶의 멍에에서 벗어나 마침내 자유를 얻으셨구나!'라는 안도감이 들었다. 전날 병원을 찾았을 때 힘겹게 가쁜 숨을 몰아쉬며 산소 호흡기를 달고 몹시 괴로워하는 모습을 보며, '이런 상태로 오랜 시간 괴롭게 지내신다면 얼마나 고통스러울까'라는 생각에 마음이 무거웠기 때문에 그랬는지도 모른다. 어머니도 임종 직전 자주 의식을 잃곤 할 때 형수가 요양병원 중환자실의 연명치료를 말했지만, 굳이 따르지 않은 것도 똑같은 이유에서였다. 그래도 다행인 건 아버지께서 '큰손자 대학 가는 걸 볼 수 있을까'라고 했는데, 큰손자가 아버지가 운명하신 그 전날 대학병원 인턴 발령을 받아 장례식장 특실을 할인받아 이용할 수 있었으니 그것도 당신의 마지막 복이었다. 어머니는 돌아가실 때까지 장손이 근무하는 대학병원에서 정기 진료와 잦은 입원 치료를 직원의 직계존속으로 할인받았다.

아버지는 뛰어난 기억력과 자상하고 꼼꼼한 글쓰기로 고향인 줄포에서 향토 사학자로 인정받는 분이었지만 주변 사람은 물론 자식들에게도 짐이 되는 걸 몹시 부담스러워했다. 얼마 되지 않는 유산이지만 치매가 발병하기 전에 논밭을 다 처분해 자식들에게 현금으로 나누어주셨다. 형과 나를 시골로 불러 어떻게 나누어줄 것인가 물었고, 우리는 형편이 어려운 자식들에게 먼저 목돈을 준 뒤 살만한 자식은 조금 주면 좋겠다고 말했다. 전주에 유학해 대학을 나온 누나와 나는 그냥 이름만 올릴 정도로 받았고, 일정 금액은 어머니 몫으로 남겨두었다. 이렇게 가족에 대한 나름의 책임을 다 감당한 뒤 얼마 안 가 정신이 혼미해져 정읍에 있는 아산병원에 입원하셨다. 의식이 오락가락하면서 이러다 큰일을 당하는 게 아닌가 하였지만, 결국 치매로 판정돼 퇴원 수속을 밟았다. 그런데 아버지가 계속 당신의 바지 주머니를 두드리기에 확인해 보니 꽁꽁 접은 만 원짜리 지폐 뭉치였는데 신기하게 딱 당신 입원치료비 만큼이었다.

이는 일제강점기에 받은 교육의 영향이기도 하지만 가난한 과부의 큰아들로 감당해야 했던 책임감이 자식들에게까지 미친 것으로 보인다. 대전에 있는 우리 집에서 몇 개월 지내실 적에도 그랬다. 가끔 고향 친구들 생각이 나면 며느리가 운전해 시골에 모셔다드리곤 했는데, 그럴 때마다 고맙다며 용돈을 주시는데 그게 기름값과 통행료에다 조금 웃돈을 얹은 정도였다. 이렇듯 평생을 가족들을 위해 헌신했으면서도 가시는 날까지 가족들에게 부담을 주지 않으려 하셨다. 운명하신 날도 자로 재듯이 손자가 발령받는 날을 택해 결국은 자식들의 부담을 덜어주었으니, 부모의 깊은 사랑이 하늘에 닿았으리라.

아버지는 일본에 강제징용을 다녀온 걸 빼고는 평생을 시골에서 지내셨다. 하지만 주경야독으로 일제강점기에 공무원 시험에 합격하실 정도로 학구적이어서, 늘 신문이나 책을 읽으며 견문을 넓혀 생각이 젊은이 못지않게 트인 분이었다. 지게로 소금 동이를 지고 전국을 떠돌던 소금 장수 아버지를 일찍 여읜 한미한 출신이지만, 김해 김씨 삼현공파 가문임을 자랑스레 여겨 해마다 김해에서 올리는 시제에 참석하고 족보를 만들어 자식들에게 나누어 주셨다. 그러면서도 대추나무 연 걸리듯 줄줄이 찾아오는 제사 모시기를 시대에 맞게 변화시킬 줄 알았다. 타향살이하는 자식들이 매번 제사 때마다 찾아올 수 없는 현실을 인정하고, 또 한글세대에 맞게 한글로 구어체 제문을 지어 낭독하기도 했다. "조상 할아버지 오늘 자식들이 다 함께하지는 못했지만, 나름대로 열심히 사느라 그런 것인만큼 할아버지께서도 너그럽게 토닥여주실 줄로 믿습니다. 조상님들 은혜를 잊지 않고 감사한 마음으로 조상님

들께 부끄럽지 않게 살아갈 것을 다짐하며 정성으로 차린 음식을 올립니다." 그래서 우리는 제사 스트레스를 모르고 자랐다.

수목장 문제도 그렇다. 아버지께서 애써 마련한 선산이 가까운 정읍에 있기에 설득이 쉽지 않았다. 아버지 팔순 생신에 가족이 모인 자리에서 자연스레 수목장 얘기를 꺼냈다. 아버지는 선산에 이미 당신과 어머니의 가묘까지 만들어놓았는데 굳이 화장할 필요가 있느냐며 불편해 하셨다. 하지만 손자 세대에 가면 지금의 성묘 문화가 유지되기 어렵다는 데엔 동의하셨다. 그러자 가족 납골묘를 만들면 어떠냐고 하시면서도, 이 또한 일정 기한이 지나면 없애야 하는 문제를 인정하셨다. 논란 끝에 '우리 부모님까지는 매장하고 나부터 화장한다.'라는 인식 때문에 우리나라 장묘문화가 변하지 않는다는 나의 지적에, '하긴 그렇구나!' 하며 화장해 선산 양지쪽 왕솔나무 밑에 뿌리는 데 동의하셨다. 흙에서 와 흙으로 돌아가는 게 순리라는 당신의 평소 지론에다, 시대 변화를 흔쾌히 받아들이는 자세 때문에 가능했으리라. 자식들과 어머니의 수고를 덜어주기 위해 설에 모여 전반기 제사를 한꺼번에 모시고, 추석 차례에 후반기 제사를 모아 치르는 파격을 결정한 것도 바로 당신이었다.

이렇듯 유교적 가치관을 중시하면서도 이를 탄력적으로 변용할 줄 아는 자세는 상당 부분 당신의 비판적 지성 덕분으로 보인다. 내가 초등학교 일학년 때 4월 학생혁명이 발발했던 기억이 난다. 아버지가 신문을 움켜쥐고 부르르 떨면서 '이런 쳐 죽일 놈들' 하며 흥분하셨는데, 지금 생각해 보니 최루탄에 맞아 숨진 김주열 군의 시신이 바다에 떠오른 것에 대한 분노의 표현이었다. 그 뒤 군부독재에 대해서도 매우 비판적이었는데, 특히 개발독재로 마을 입구를 지키던 당산나무를 사정없이 베어버리고 지붕개량이네 주택개량이네 하며 획일적으로 강요하던 새마을 운동에도 몹시 부정적이었다. 이런 비판적 시각과 발언이 이른바 '막걸리 반공법'이 시퍼렇던 시절에 주변의 눈총을 사면서, 어머니는 이를 늘 못마땅해하셨다. 자기주장이 너무 강해서 남을 불편하게 해 적을 만든다는 것이었다. 그러나 이런 비판적 안목이 낡은 타성이나 인습을 과감히 벗어나게 해, 제사나 수목장 등에 열린 자세를 보일 수 있었으리라.

아버지는 네 살 때 할아버지가 돌아가셔서 과부의 아들로 외할머니와 함께 장남의 무거운 책임감으로 어린 시절을 보내셨다. 그래서인지 우리 자식들 기억 속의 아버지는 늘 강인한 모습이었다. 내가 초등학교 6학년 수학여행 때 가정형편이 어려워 서울에 못 가고 혼자 가위바위보로 아카시아 잎사귀를 따내며 무료한 며칠을 보낼 때, 그 무렵 아버지 모습이 지금도 선하다. 당시 작은아버지를 곰소에 있는 수산학교(지금의 고등학교)에 보내느라 아버지는 머리도 깎지 못한 채 덥수룩한 모습으로 지내셨다. 아들의 수학여행은 못 보내도 동생 학비는 감당하셨다. 덕분에 나는 당시 애들에게 선망의 대상이던 전차를 타 보지 못했고 또 피아노도 보지 못했다. 피아노는 중학교에 가서 보았지만, 전차는 끝내 타 보지 못했다. 어른이 되면 꼭 타 보려 했지만, 고등학생이 되기 직전에 역사의 뒤안길로 사라져버렸기 때문이다. 정년퇴직 후 아내와 함께 동유럽을 여행하며 헝가리와 체코에서 트램을 타 보았으니, 어쨌든 소원은 이룬 셈이다.

약골에 비위가 약하고 입이 짧아서 우리와 식사를 함께 하는 일이 드물었던 아버지의 음식 수발은, 소박맞은 뒤 평생을 우리 집에서 함께 사신 큰고모가 아버지 입맛에 맞게 감당하셨다. 10대 후반에 아버지는 장남의 책임감으로 큰돈을 벌겠다며 바람 찬 흥남 비료공장에 가셨다가 혹독한 추위에 결핵만 얻고 돌아왔다 한다. 결국 공무원 시험 준비에 매진하여 주경야독의 독학으로 당시 읍면서기 자격시험(오늘날 9급 공무원시험)에 상위권으로 합격했다고 하니, 초등학교 졸업 학력으로는 대단한 일이었으리라. 더구나 당시 공무원이 되면 징병이나 징용에서 벗어날 수 있어 요즘 못지않게 경쟁이 심했다고 한다. 그래서인지 아버지는 자식들의 학업이 부진한 것을 애석해하셨고, 학교 문턱에도 못 간 어머니를 탓하기도 하셨다. 어머니가 욱하는 성격에 무뚝뚝하게 대거리를 할라치면 "니

어매 오가리 개패는 소리 좀 들어봐라. 어이구!"하며 휙 나가버리셨다.

과부의 아들로 어렵게 고향의 면사무소 서기가 되었지만, 결국 아버지는 지역 유지 아들의 뒷배를 봐주기 위한 짝짜꿍에 걸려 20대 초반에 일본 오사까에 있는 '시바다니 조선소'에 징용으로 끌려가게 되었다니, 그 억울함과 분함이 오죽했겠는가. 당시 아버지 자리를 차지한 사람은 지역 유지를 넘어 전국 굴지의 언론사와 유명대학 소유주인 인촌의 아들이었으니, 소극적인 저항에 그칠 수밖에. 더구나 늙은 외할머니와 과부인 어머니에게 피해가 갈까 봐 하릴없이 징용에 끌려갔다고 한다. 하지만 특유의 강인함과 지혜로 밀선을 타고 일본을 탈출해 부산을 거쳐 고향에 최초의 귀향자로 돌아와 10개월의 일본 생활을 마감했다.

아버지의 강제징용 수기인 〈일본탈출기〉에 대한 에피소드가 있다. 80년대 중반에 서울의 사회과학 출판사 '학민사'에서 수기 출간을 계획했던 적이 있다. 당시 신군부의 언론 및 문화탄압 정책으로 진보문학을 선도하던 '창비'와 '문지'가 폐간당하면서, 그 공백을 각 지역의 문학동인들이 부정기간행물인 무크지 형태로 민족문학의 명맥을 이어갈 때였다. 나와 친구들이 함께했던 《삶의 문학》이 6호 원고를 가지고 서울의 출판사를 물색하던 중, '학민사'와 인연이 닿아 김학민 사장 댁에서 하룻밤을 자며 우리가 일정액을 부담하며 출간할 것을 논의하다가, 아버지가 인촌의 아들 대신 일본에 징용 가야 했던 기막힌 사연을 쓴 〈일본탈출기〉 얘기가 나왔고, 김 사장이 관심을 보이며 줄포에 있는 우리 시골집을 찾아 겨울밤을 지내기도 했다. 한데 뜻밖에도 당시 충남 출신의 이건복 사장이 운영하는 '동녘' 출판사에서 《삶의 문학》 6호를 전액 출판사 부담으로 출간하기로 협의가 급진전 되면서, 처음 얘기했던 '학민사'와 관계가 불편해지고, 〈일본탈출기〉 출간도 없었던 일이 되어 버렸다. 그 뒤로 이른바 '민중교육' 사건으로 '삶의 문학' 동인들 다수가 해직의 시련을 겪으며 각자 생활에 쫓겨 동인 활동도 위축되고 교육운동 등으로 삶의 반경이 넓어지면서 〈일본탈출기〉는 오랫동안 서랍 속에서 빛을 보지 못했다.

내가 80년대에 등단한 뒤 자유실천문인협의회에서 활동하면서 자연스레 진보적인 문인들과 교유하게 되었고, 신경림 시인이 민요 기행을 하면서 우리 시골집을 들르게 되며 아버지와 친해져 아버지에 대한 시와 고향 줄포에 대한 시를 쓰기도 했다.

아버지가 70대 후반에 몇 번 당신 책의 출간을 언급했지만, 오랜 기간 문학계 언저리에서 침묵하던 내 처지였던지라 선뜻 나서지 못하다가, 아버지가 우리 곁을 떠나신 뒤에야 책을 내게 되었으니 못난 자식으로 인해 유고집을 내는 심정은 못내 비통하였다.

〈일본탈출기〉가 책으로 발간된 뒤 동아일보의 김진경

기자가 연락이 와 직접 만나 아버지를 사지로 내몬 김성수의 행적에 대해 서로의 의견을 솔직하게 나눈 다음 날, 그에게 보낸 메일이다.

"감사합니다. 대전 김영호입니다. 어제 허심탄회한 얘기 고맙습니다. 서로 의견이 다른 부분도 있지만, 다양한 관점을 겸허하게 확인할 수 있어 좋았습니다. 아무쪼록 김장순의 생채기가 아물 수 있도록 인촌 선생 가족들의 진심 어린 사죄가 있었으면 좋겠습니다. 생존이 위협 받는 절박한 상황에서 개인적 악의 없이 벌어진 일이라고 변명할 수도 있지만, 적어도 민족지도자로 존경받는 인촌 집안이라면 이제는 진정성을 가지고 그 잘못을 시인하고 용서를 구하는 게 바른 도리라고 생각합니다. 좋은 소식 기다리겠습니다. 좋은 만남, 고맙습니다.

대전에서 김영호 두손모음. (2015년 9월 18일)"

물론 김진경 기자는 아무런 답변도 주지 않았고, 인촌 가족들은 어떠한 반응도 보여주지 않았다. 2017년 4월 대법원은 김성수의 증손자 김재호 동아일보 사장과 인촌기념회가 행정자치부 장관을 상대로 제기한 '친일반민족행위결정취소' 소송에서 원고 일부 패소를 판결한 원심을 확정했다. 문재인 정부가 출범한 이후, 국무회의는 인촌 김성수가 받은 건국공로훈장 취소를 의결했다. 김성수에 의해 사지에 내몰렸던 가난한 농투성이인 선친께서도 지하에서 이 소식을 듣고 아마 이렇게 스스로 위로하셨으리

라. "사람은 착허게 사능 게 젤이란게!"

아버지는 어려서부터 동네 어른들의 구성진 옛날얘기를 들으며 스스로 이야기꾼이 되는 꿈을 꾸기도 했다고 한다. 독학하던 시절 일본어로 된 세계문학전집과 우리 현대문학 작품을 열심히 읽었다는데, 고교 시절 대청마루 한쪽에 쌓인 아버지의 책들에서 김소월의 시집 『진달래꽃』과 이태준의 『문장강화』 그리고 『박열 투쟁기』를 찾아 읽었던 기억이 난다. 아마 내가 이렇게 문단의 한 귀퉁이나마 참여하게 된 것도 순전히 아버지의 영향 때문이었다고 본다. 하지만 정식으로 문학 수업을 받지 않은 아버지의 글이 사람들에게 주는 그 감동과 생생한 재미를 정작 오랜 문학 수업을 받은 나는 따라가지 못하고 있으니, 왕솔나무 밑에서 애송이 제대로 자라지 못하는 것처럼 여전히 아버지의 큰 산을 넘지 못하는가 보다. 하지만 이제 손자들을 넷이나 두었으니 나도 손자들에게 재미있고 맛깔스런 이야기를 들려줄 정도는 되기 위해 더욱 분발해야겠다고 다짐해 본다.

아버지는 돌아가시기 전 3년 동안 치매를 앓았다. 자식들도 몰라보았지만, 그 누구에게도 웃으며 존댓말을 쓰는 예쁜 치매였다. 마지막 요양원에서도 간호사나 요양보호사에게 가장 인기 있는 할아버지였다. 아버지와 죽이 맞았던 신경림 시인이 잘 표현했듯이 아버지의 삶은 '착하게 사는 게 제일이랑께'를 신념으로, 일제강점기와 한국전쟁

등 현대사의 격랑을 헤쳐 온 삶이었다. 이웃과 고향의 모든 것들을 깊이 사랑한 '작은 사람'에게 깊은 생채기를 낸 유력자의 얕은 꼼수는 과연 역사에서 잊힐 만한 것인가를 죽은 혼령을 대신해 물으며 글을 마친다.

이야기 시집
『바람이 부르는 노래』의 주인공 김장순

1922년 전북 줄포에서 출생, 4살에 소금 장수 아버지가 돌아가셔 외할머니와 홀어머니 밑에서 성장. 미당 서정주가 다닌 줄포공립보통학교를 졸업하고, 1944년 부안군 읍면서기자격시험에 상위권으로 합격해 정식 임명장 발령을 기다리던 중, 징용 영장을 받음. 자신의 자리에 인촌 김성수의 대학생 아들이 임명됨. 10월 말경 일본 오사까 시바다니 조선소에 배정돼 강제 노역. 45년 3월 조선소를 탈출, 여러 공사장을 전전하다 8월 10일 시모노세키에서 밀선을 타고 부산으로 출항. 8월 20일 부산항 도착 후 21일 첫 번째 귀국자로 고향 줄포에 도착. 26세에 결혼해 1녀 6남의 자녀를 두고 면사무소 서기로 10년 근무. 농사꾼 대서쟁이로 살며 일본 징용 수기 〈일본탈출기〉와 고향의 역사 풍속 언어에 대한 글을 씀. 3년 동안 치매를 앓다 2008년 정읍 선산에 수목장으로 영면.